Hi! Story · Hi! Story · Hi! Story · Hi! Story

嗨！有趣的故事

常香玉

湯素蘭

Hi! Story

中華教育

【出版說明】

在文字出現以前，知識的傳遞方式主要就是語言，靠口耳相傳的方式記錄歷史與情感表達。人類的生活經歷、生命情感也依靠著「說故事」來「記錄」。是即人們口中常說的「傳說時代」。然而文字的出現讓「故事」不僅能夠分享，還能記錄，還能更好、更廣泛地保留、積累和傳承。

《史記》「紀傳體」這個體裁的出現，讓「信史」有了依託，讓「故事」有了新的準則：文詞精鍊，詞彙豐富，語言精切淺白；豐富的思想內容，不虛美、不隱惡。選擇人物一生中最有典型意義的事件，來突出人物的性格特徵，以對事件的細節描寫烘托人物的情感表現，用符合人物身份的語言，表現人物的神情態度、愛好取捨。生動、雋永而又情味盎然。

「故事」中的人物和事件，從來就是人類的「熱門話題」。她是茶餘飯後的趣味談資，是小說家的鮮活素材，是政治學、人類學、社會學等取之無盡、用之不竭的研究依據和事實佐證。

中國歷史上下五千年，人物眾多，事件繁複，神話傳說與歷史事實並存，正史與野史交錯互映，頭緒繁多，內容龐雜，可謂浩如煙海、精彩紛呈，展現了中華文化的源遠流長與博大精深。讓「故事」的題材取之不盡，用之不竭。而其深厚的文化底蘊如何呈現，怎樣傳承，使之重光，無疑成為《嗨！有趣的故事》出版的緣起與意趣。

《嗨！有趣的故事》秉持典籍史料所承載的歷史精神，力圖反映歷史的精彩與真實。深入淺出的文字使「故事」更為生動，更為循循善誘、發人深思。

《嗨！有趣的故事》以蘊含了或高亢激昂或哀婉悲痛的歷史現場，以對古往今來無數先賢英烈的思想、事蹟和他們事業成就的鮮活呈現，於協助讀者不斷豐富歷史視域和深度思考的同時，不斷獲得人生啟迪和現實思考、並從中汲取力量，豐富精神世界，在實現自我人生價值和彰顯時代精神的大道上，毅勇精進，不斷提升。

【導讀】

豫劇起源於河南，是中國傳統的地方戲劇之一，早年又叫河南梆子。最初的豫劇演員，大多只會演「只唱不動手」的文戲，是一個年僅十三歲的小女孩，把京劇中的武戲「偷」到了豫劇表演之中，成了豫劇中的第一個「武旦」。

她就是一代豫劇皇后——常香玉。

豫劇藝術能有今天的輝煌成就，注定繞不開「常香玉」這個閃閃發光的名字，然而很多人都不知道，常香玉出生在黃河流域一個貧苦的家庭，幼年時隨母親上街要過飯，還差點給人家當了童養媳。

童年的苦難造就了香玉堅韌不拔的頑強性格，她少年學戲，吃得苦，受得累，從不氣餒；青年時期顛沛流離，仍然不忘同樣受苦受難的同胞們，通過一次次義演為難民籌款捐物；累倒在病床上，鬼門關前的常香玉仍然咬牙苦熬——一定要活下去。

這個傳奇女子精彩的一生，到底還有哪些引人入勝的故事呢？請你們翻開這本書，聽我細細道來……

目錄

目錄

黃河邊的苦孩子

相傳在很久以前，崑崙山上住著一位老道和他的兩個弟子。有一天，老道對兩個弟子說：「我要出門去看一個朋友。鍋裏煮著一條從東海抓來的黃蟒蛇，你們要不斷給鍋添柴加水，千萬別偷懶！」老道說完便騎鶴而去，留下兩個弟子天天守著大鍋，不斷給鍋添柴加水。一晃幾百年過去了，也不見師父回來，兩個弟子耐不住了，一天，一個對另一個說：「反正師父也不知道要什麼時候才能回來，我們下山去玩玩吧！」另一個也正有此意。於是，他們把鍋裏的水加得滿滿的，把鍋下的火燒得旺旺的，就下山玩去了。等他們從山下回來才發現，糟糕，火早已經熄滅了，鍋裏的水也被蟒蛇喝乾了。蟒蛇正向東海方向逃去，蟒蛇經過的地方留下了一條黃色的水道。他倆慌忙沿著水道追去。黃蟒發現他們追來了，急忙亂拐亂竄，奔向東海，這就是今天的九曲黃河。師父回來，發現鍋裏的黃蟒不見了，弟子也不見了，便什麼都明白了。他騎著仙鶴急追，但為時已晚，黃蟒早已逃進了東海。老道非常生氣，懲罰兩個弟子：「你們放走孽蟒，讓牠禍害人間，那你們倆就永遠守著這道水吧！」於是老道把兩個弟子變成了兩座山。這兩個弟子變成的山叫作追蟒山，在黃河的南岸。人們覺得「追蟒山」不響亮，久而久之，就改叫「邙山」，一直沿用至今。

邙山在河南洛陽市以北，黃河南岸，是黃河與洛河的分水嶺。邙山不高，海拔只有兩百五十公尺左右，卻綿延一百多公里，全是丘陵。夏秋兩季，邙山常常下大雨，發大水。年深月久，丘陵便被沖出許多像刀削似的深溝。

因為溝多，這裏的地名也常常帶著「溝」字。

在邙山頭有個村子便叫董溝。董溝屬於河南鞏縣，在洛河下游，距洛河只有一里多地，距洛河與黃河交匯處也不過十來里。

一九二三年九月十五日，一個濃眉大眼的小姑娘出生在這裏，她姓張，乳名妙玲，她就是後來的常香玉。

黃河邊的人，無論窮人還是富人，自古以來就習慣於在深溝陡壁上打窯修院，用以遮風擋雨。唯一的區別是，富人家的窯洞大都用青磚夯頂，方磚鋪地，窗櫺上裝著玻璃，窯口裝著雕花油漆門。窮人家卻只能因陋就簡，在山溝裏隨便挖洞，磚瓦木石啥都沒有，湊湊合合也算是個家。

妙玲的家，就是這樣一個簡陋的窯洞。妙玲和爸爸、媽媽、奶奶，還有弟弟，就住在這個窯洞裏。

在黃河的哺育之下，中原大地原是華夏文明的發祥地，然而自古也是苦難之地，因為水災、旱災、蝗災、兵災不斷，天災加上人禍，民不聊生。

妙玲家祖上只有五分多旱地，因為無水可澆，風調雨順的年景，也只能收一百多斤麥子，若碰上旱災、水災或者蝗災，幾乎顆粒無收。平時妙玲的父親張茂堂領著妙玲的媽媽魏彩榮和剛出生不久的弟弟外出唱戲餬口，家裏只剩下妙玲和奶奶。奶奶吃齋念佛，為人熱心善良，又做得一手好針線活，左鄰右舍，誰家裏娶新媳婦，嫁閨女，或者增丁添口，老人入殮出殯，需要做針線活的，只要有誰來招呼一聲，奶奶就高高興興地前去幫忙。因為都是窮人，別人給的酬金也不多，往往只是半升米或者一斤麵，所以，從妙玲記事起，她就和奶奶相依為命，以乞討為生。酷暑和寒冬兩季，因為天氣惡劣，既沒有人「寫戲」（請人唱戲，簽訂合同），也沒有人看戲，戲班只得封箱，妙玲的爸爸媽媽也只好回到家裏。這時候，妙玲就和母親魏彩榮一起外出要飯。

有一次，妙玲拎著要飯的籃子，拿著打狗用的棗木棍要飯的時候，途經一個村子，剛想進村去乞討，碰上村裏的財主正在淘井。舊時有個規矩，凡人打井或者淘井的時候，不許女人走近。財主看到妙玲，便放出黃狗來攆妙玲。黃狗朝妙玲猛撲過來，齜牙咧嘴，發出可怕的吠叫聲，嚇得妙玲趕緊躲到路邊的一棵柳樹後面，掄起棗木棍保護自己。這時，財主家十二三歲的胖小子跑過來喝住狗，對妙玲罵道：「滾！再不走，咬死妳！」妙玲又氣又恨，但也沒有辦法，只好有氣無力地又往別的村子奔。妙玲在野路上走了一會兒，便聞到一股香味。這香味引得她肚子裏的饞蟲直往上躥。她跑過去一看，原來是一個趕車的老長工坐在路邊歇息，他用三塊土坷垃架起一口小鍋，撿些乾柴，正用潤滑車軸用的油煎饃片吃。妙玲跑過來的時候，饃片剛剛煎好。看著又香又酥的饃片，妙玲情不自禁地伸出手，說：「大爺，您可憐可憐我，捨我一塊吧！」老長工給了她一塊，她又說：「俺家還有一個奶奶哩！您再捨一塊吧！」老長工抬頭看著她，說：「妳這小妮子，年紀這麼小，還怪孝順的呢！妳家還有誰呀？」妙玲說：「還有俺爹俺媽俺兄弟！」老長工「哎喲」一聲，看著鍋裏的那幾塊饃片，心想，若給了她，自己就所剩無幾了。妙玲趕緊說：「俺弟弟還小，還吃奶呢，不會吃！」老長工便給了她四塊饃片，妙玲接過饃片轉頭就跑，連一句感謝的話都沒來得及說，因為她要趕緊回家把要來的饃片分給奶奶和爸爸媽媽吃。在以後的許多年裏，常香玉只要一吃煎饃就會想起這件事情來，既對老大爺心懷感激，又後悔自己太年幼無知，當時不僅沒有問老大爺的姓名，連一句感謝的話也沒有說。

在村子裏，妙玲有四個要好的朋友。其中有三個是女孩子，一個是男孩子。女孩子一個叫拙妮，一個叫嬙姊，她倆都比妙玲大一歲，還有一個叫葉兒，比妙玲小一歲。男孩子很不幸，天生是個啞巴，但心地特別善良，他比妙玲大好幾歲，經常幫助妙玲。

幾個小夥伴常常在一起玩，但飢餓就像身後的影子，時時刻刻追隨著他們。有一次，他們正在槐樹下玩，妙玲餓得心慌腿軟，一屁股跌坐在地上。看到身邊被風吹落的槐花，妙玲實在太餓了，什麼也顧不上了，隨手抓起一把槐花塞進嘴裏。她嚼著槐花，發現槐花嚼起來甜絲絲的，比家裏的糠窩窩好吃多了。妙玲趕緊把自己的發現告訴夥伴們，大家都抓起槐花往嘴裏塞，愈吃愈覺得好吃，高興得眉開眼笑。妙玲尤其高興，又蹦又跳的，因為是她發現了這個天大的祕密。

一場夜戲點燃一個夢想

出了董溝的溝口便是平地，大約再走一里多地，就到了洛河邊。河邊有一個古渡口，渡口邊有一個大戲樓。

戲樓用磚瓦木石蓋成，上面還有飛簷斗拱，富麗堂皇。上面可以唱戲，下面可以行車。這個戲樓是給河神修的。因為洛河三年兩頭發大水，傳說為了讓河神爺高興，常常要給祂唱戲，求祂保佑風調雨順。

戲曲是文學、音樂、舞蹈、美術、武術、雜技等各種表演藝術綜合而成的傳統藝術。每個地方都有自己的地方戲。表演形式載歌載舞，有念有唱，有文有武。戲中的主角既有王侯將相、才子佳人、神仙妖怪，也有平頭百姓、綠林好漢，內容大多表現人情世故和悲歡離合。老百姓家裏結婚做壽，新屋落成，地方上娛神求雨，都要唱戲。

妙玲六歲那年的秋天，洛河一帶突然傳出「龍王顯聖」的傳聞。說是某人某日在河邊一家飯鋪收拾桌子時，在盤子裏發現了一條蛇。這條蛇非常神奇，一會兒變大一會兒變小，一會兒變長一會兒變短，最後騰空飛去，鑽入了洛河的波濤之中。這事愈傳愈神，愈傳愈玄，都說是龍王顯聖了。秋天多雨，洛河常常發大水，大家都說那是龍王發脾氣了。但那一年正好風調雨順，洛河沒有發大水。既然龍王今年沒有發脾氣，而是顯聖了，這事值得慶祝。於是，由當地的鄉紳族長們出面，大家捐錢捐物，請來戲班子在河邊的戲樓上唱三天大戲，獻給河神，慶祝龍王顯聖。

一天下午，妙玲像往常一樣，拎著菜籃子在路邊挖野菜。看看太陽快要落山了，肚子也餓得咕咕叫，妙玲拎起菜籃子往回走。恰巧她看到路邊有一莞非常壯實的馬齒莧，又停下來準備扯了這莞馬齒莧再回家。

扯完馬齒莧抬起頭來，這時妙玲看到路上的人三五成群，都朝著一個方向走，一邊走還一邊有說有笑。他們這是要去哪裏呢？妙玲一打聽，原來都是去看戲的。妙玲自從聽說老渡口的戲樓給龍王爺寫了戲，就一直盼望著去看戲，沒想到戲今晚就開演了！妙玲一下子忘記了飢餓，也顧不得應該先把菜籃子送回家，就不由自主地跟著人流往河邊走，一直走到戲台跟前。

只見戲樓兩邊的柱子上繫著兩盞大燈，燃起的火苗足有小孩子的胳膊粗，把整個戲台照得跟白天一樣通亮。

月亮升起來的時候，戲才正式開演。開戲前，妙玲一直站在最前排，伸長脖子朝台上張望，可是台上一直空空的，什麼也沒有。突然聽到鑼鼓點子響，後面的人猛地一下往前擁，妙玲一個趔趄，手裏的菜籃子脫了手，瞬間被踩得稀巴爛，妙玲也差點被擠倒。好在她人雖小，但身子靈活，她拚著吃奶的勁在人群裏鑽呀擠呀，終於鑽出了人群，卻發現自己來到了戲台側面。戲在戲台上演，側面什麼也看不到，只能聽到聲音。跑到戲台前面去吧，現在前排已經是人挨人，擠得水洩不通，妙玲根本擠不進去。她又跑到後面去，看見的都是後腦勺，更加什麼也看不見。

鑼鼓點子響得更緊了，戲台上咿咿呀呀傳來了演員的聲音，觀眾的喝彩聲也一陣陣傳來。這一切勾得妙玲看戲的癮頭更足了。可是，她還是只能在外面轉來轉去，什麼也看不到。

妙玲仰起頭來圍著戲台轉呀轉，一邊轉一邊想辦法：要怎麼樣才能看到戲呢？

突然，妙玲的腳下被什麼東西絆了一下，低頭一看，原來是一根繩子。這根繩子是從戲台一側耷拉下來的。妙玲拉起繩子，靈機一動：太好啦！

只見她用力拽住繩子，咬緊牙關，使盡力氣往上攀，一邊攀一邊換手，換了幾次手以後，她居然攀上去了，來到了戲台上！

妙玲把自己的身子藏在戲台柱子的暗影裏，目不轉睛地盯著台上看，一直看到刹戲。

這天晚上演的劇目是《甩大辮》，也就是現在的《洛陽橋》。

這齣戲的故事發生在元朝末年，講的是王爺耶律壽的妹妹耶律含嫣在外出郊遊時偶遇青年獵手花雲，對他一見鍾情，並且約他以賣獵物為名，到王府會面。耶律含嫣回到王府，為了迎接花雲的到來，在閨房裏梳妝打扮，歡喜狂舞，把大辮子甩起來當花槍耍，十分花哨。也因為戲中扮演耶律含嫣的演員需要有獨特的甩辮子功夫，這齣戲又叫《甩大辮》。

妙玲被台上的戲所吸引，全身心地沉浸在戲台上的世界裏。她一邊看，還一邊晃動腦袋，不由自主地模仿台上演員甩辮子。

突然之間，妙玲發現戲台上空蕩蕩的，已經沒有了演員。戲台前坪上的人也開始向四面散開。

原來，戲已經演完了。

這時候妙玲才想起來，自己來看戲的時候也沒有跟家裏說一聲，菜籃子也不見了，現在回家去，爸爸媽媽能饒了她嗎？

妙玲不敢回家去，可是，如果不回家，這一夜該在哪裏過呢？

妙玲心裏發起愁來，拿不定主意是回家還是不回家。就在妙玲磨蹭的時候，戲台前坪上的人已經走得一個不剩了，戲台柱子上兩盞大燈的火苗也愈來愈小。

大燈的火苗最後撲閃了一下，熄滅了，黑暗像一床巨大的毯子，鋪天蓋地而來。這是黎明前最黑暗的時刻，也是秋夜中最寒冷的時候。天上不見星星和月亮，只從遙遠的村落裏傳來一兩聲狗吠，打破這黑暗中的寂靜。夜風從河邊吹過來，吹在妙玲的身上，一陣比一陣涼。六歲的妙玲孤身在這黑暗和寒冷中，害怕極了。她只好又摸黑兒回到戲樓前，找個背風的地方坐下，將身子蜷縮起來，躲避黑暗和寒冷。

不知道過了多長時間，妙玲在迷迷糊糊中聽到「嗚哇嗚哇」的聲音。這聲音妙玲太熟悉了——是啞巴的聲音！妙玲揉揉眼睛，只見啞巴正笑咪咪地站在她的面前。這時天已經曚曚亮了。啞巴一把把妙玲拉起來，雙手比畫著告訴妙玲：家裏人不見妙玲，急壞了，已經找了她一整夜，讓她趕緊回家去。妙玲看到啞巴，雖然高興，但還是害怕回家會挨打，不敢跟他一起回去。聰明的啞巴用手比畫著吃飯的樣子，又拍拍肚子，意思是說：妳不回家，不怕餓嗎？妙玲這才發現，自己昨天沒有吃晚飯，現在肚子正餓得咕咕叫呢。於是，她也顧不得害怕，趕緊跟著啞巴回家去了。

家有父親懷絕技

這天妙玲回到家裏，多虧有啞巴陪著，有啞巴替她「說」好話求情，妙玲才沒有挨打。但也從這天起，妙玲的心裏有了一個美好的願望，她做夢都想當演員，做夢都想演戲。她一想起台上那個花哨的耶律含嫣右手拿著手巾，左手扣著辮梢，在台上扭來扭去的樣子，心裏就癢癢的。於是有一天，妙玲找一塊破布當手巾，把奶奶的扎腿帶繫在頭上當辮子，趁院子裏沒有人的時候，一個人在院子裏又唱又扭。

就在妙玲一個人又唱又扭，玩得十分起勁的時候，聽得背後傳來噗哧一聲笑。原來是妙玲的爸爸張茂堂站在窯洞的窗戶跟前，一直盯著妙玲看。

妙玲一下子羞得滿臉通紅，躲到院子裏的大椿樹後面。沒想到爸爸卻走過來，把妙玲拉到跟前，對她說：「妳看著我。」

張茂堂在女兒面前拿著架子走了幾個圓圈，又雙手摁地，接著是胸部、腹部和雙腿先後落地，反覆做了好幾次。他做完以後，讓妙玲照著做。前一個動作叫跑圓場，後一個動作叫虎撲。妙玲看到爸爸並沒有責備她，還像一個小孩子一樣在地上撲騰，覺得很好玩，便照著爸爸示範的動作做起來。虎撲的動作因為妙玲之前沒有學過，做得不太好，圓場的小碎步倒模仿得有模有樣。當時張茂堂看在眼裏，雖然沒有說什麼，但在心裏不免嘀咕：妙玲只看過一回《洛陽橋》就學得有模有樣，剛才跑起圓場來也有模有樣，難道這孩子天生就是吃這碗飯的？

打這以後，張茂堂再去密縣戲班幫忙，有時候就會帶上小妙玲。妙玲特別活潑開朗，一來二去就和戲班裏的叔叔伯伯們混熟了。每一次演出的時候，妙玲就在後台不錯眼珠地盯著看。看完了回到演員們的住處，她就模仿演員們的動作扭來扭去，嘴裏咿咿呀呀地又唱又拉。如果有人誇她，逗她，她就扭得更活泛，唱得更來勁。

有一天晚上，舞台上要演《老包鍘陳世美》，臨到要開戲了，扮演秦香蓮女兒的小演員發高燒，上不了台。大家正在著急的時候，有人說：「嗨，就讓妙玲上吧。反正也沒有什麼唱詞，不就是跟著大人在台上轉幾圈嗎？」戲班的掌班徵求妙玲爸爸的意見，妙玲爸爸說：「不光是轉圈，還得哭。我家這妮子，脾氣倔得很，從小不愛哭。」妙玲生怕錯過了上台的機會，趕緊說：「我會哭，我會哭。」並且立即模仿小夥伴受委屈的樣子，揉揉眼睛，鼻子一抽一抽、身子扭來扭去地哭起來，表演得跟真的一樣。

眾人看了，異口同聲說：「中！」

張茂堂還是不放心，又把在戲中扮演哥哥的小男孩找過來，對妙玲說：「妳在台上可不能想哭就哭，也不能哭個沒完沒了。妳看著哥哥，他哭妳也哭，他不哭妳也不要哭。」

這是妙玲頭一次登台演出，雖然是第一次，但她一點兒也不怯場。剎戲以後，戲班的掌班對妙玲爸爸張茂堂說：「你這妮子怪機靈的呢，讓她學戲吧，準有出息。」張茂堂說：「女孩子家學戲，我還得跟她媽媽商量商量。臨帶她出門時，她媽還準備把她送出去呢。」

妙玲不明白爸爸說的「送出去」意思其實是說送去當童養媳，只是糊里糊塗地搶著說：「送我上哪兒去我也不去，我就跟爸爸學戲。」

說起妙玲的父親張茂堂，也算是一個奇才。

張茂堂十五歲給財主家當放羊娃，吃不飽，穿不暖。一天，一隻羊羔不小心跌到墓坑裏摔死了，狠心的財主把他吊在房樑上痛打了一頓，繩子勒的傷疤在他手腕上留了一輩子。當天夜裏，張茂堂掙脫繩索，逃出了財主家。因為不敢回家，張茂堂便在外面找了一個戲班跟著學戲，四處漂泊。學了半年之後，因為那個戲班裏的孩子中間就數他長得高，沒有人能跟他配戲，就被班主打發走了。他這一走就是好幾年。這幾年裏，他要過飯，打過零工，當過兵。尤其在當兵的時候，軍隊裏有個馬伕原是唱戲的，他跟著馬伕學了不少戲。後來他趁軍閥混戰時，又從軍隊裏逃走了。這樣又過了幾年，等張茂堂突然回鄉的時候，他已經是個有名的豫劇西府調藝人，唱花旦，藝名張鳳仙。

堅決不當童養媳

在舊社會，女孩子學唱戲，被認為是從事低賤的職業，舞台上的女角多是男人扮演的。但是，男人學唱戲，也被人認為是丟人現眼，在家族裏做不起人，死後還不能葬入祖墳。張茂堂在外面學唱戲，就瞞著村裏的族人和親戚。他搭班唱戲也是在外地，從來不敢回鞏縣唱戲，而且唱戲的時候用的是藝名。

張茂堂天生有一副好嗓子，人們還送了他一個諢名「二百貫」，意思是他開腔就值二百貫錢。然而不幸的是，在妙玲六歲那年，不知道什麼原因，張茂堂一夜之間突然就壞了嗓子，再也沒有辦法上台唱戲了。

張茂堂雖然不能登台唱戲了，但還是留在戲班裏幫忙打雜，順便在演戲的時候賣點紙菸、茶葉什麼的補貼家用。因為單靠家裏那五分多旱地，根本養不活一家五口人。

從前窮人家的閨女，自小就會被送出去當童養媳，以便減輕家裏的負擔。妙玲的四個姑姑就都是童養媳。二姑七八歲時被送去當童養媳，被活活給折磨死了。四姑生完孩子以後，在月子裏得了病，婆家不僅不給治病，還嫌棄她臥床不起，結果孩子還沒有滿月，四姑就病死了，死時年紀還不到二十歲。

三姑的婆婆在當地是出了名的凶悍角色，經常將三姑打得頭破血流。每次三姑回家來，妙玲的奶奶都要先用紡棉花的線柱挑起三姑頭上的一綹綹頭髮，再用梳子輕輕地、慢慢地梳理，才能把頭上的血痂清理乾淨。每當這個時候，妙玲就看到奶奶和三姑總是抱在一起，哭成一團。這悽慘的情景，妙玲一輩子也不曾忘記。

妙玲的大姑也是童養媳。但她的運氣比其他幾個妹妹好。她婆家原來也很窮，但後來發達了，在鎮上開了糧坊，還置了十幾畝田地，成了財主。大姑長相漂亮，又會操持家務，慢慢地就成了財主家裏的當家人。

大姑雖然富了，卻也沒有忘記娘家的窮親戚，逢年過節、妙玲奶奶過生日的時候，大姑都會帶著豐厚的禮物回家來。大姑也很喜歡妙玲，每次回家都給妙玲帶些好吃的。

妙玲有一件特別好看的花棉襖，也是大姑用舊衣服給她改的。

每逢農曆五月初五，在河南一帶，出閣的閨女都要回娘家，俗話叫「送端午」。妙玲九歲那年，雖然奶奶已經去世兩年了，但端午節這天，大姑和三姑還是早早地就回家來「送端午」了。

大姑把帶回來的一籃子粽子、油糕等東西交給妙玲的媽媽魏彩榮，隨即說道：「妙玲快十歲了吧？也不說送童養媳，你們當父母的就不著急？」

妙玲媽媽正要回答，看到妙玲站在旁邊，就朝妙玲爸爸使了一個眼色，意思是讓他把妙玲支開。妙玲爸爸卻說：「妳有什麼話就說吧，這是孩子的正事，不用背著她嘛。」

妙玲媽媽就說：「倒是有一戶人家，只有兄弟兩人，還是雙胞胎，家裏有十來畝地，也算富裕……」

大姑一聽，馬上就說：「既然是這麼好的人家，為什麼不早點定下來呢？」

原來，妙玲媽媽魏彩榮老早就想把妙玲送去當童養媳了，但是妙玲爸爸張茂堂不同意。她現在看到大姑這麼說，就指著妙玲爸爸張茂堂，對大姑說：「妳問他！」

張茂堂說：「大姊，妳的一番好意，兄弟心領了。妳不記得二姊、四妹死得有多慘嗎？只要一想起她們，我就不忍心叫孩子再去當童養媳。」

聽妙玲爸爸這麼說，三姑立即哭起來：「童養媳的日子，真是連牛馬也不如啊……可是，不當童養媳，又有啥法子呢？我看還是叫孩子去吧，送去了至少有人管飯吃，總比在家裏挨餓強呀！」

於是，以妙玲爸爸張茂堂為一方，以妙玲媽媽、大姑、三姑為一方，為該不該送妙玲去當童養媳的事，爭吵了起來。

妙玲一直站在旁邊。剛才聽說要送她去當童養媳，她氣得雙拳緊握，血直往頭頂上衝。大人們爭吵的時候，她的心弦始終繃得緊緊的。幾個大人吵了一會兒之後，突然之間都沉默下來，他們沉默的時候，妙玲感覺到空氣都彷彿給凍住了。這時候，她實在忍不住了，壯著膽子說：「我不當童養媳！我不能叫人家打死！我要跟爸爸學唱戲！」

背井離鄉去學戲

妙玲的媽媽、大姑和三姑沒料到妙玲會說出這樣的話來，齊聲大叫道：「什麼？妳要學唱戲？」

張茂堂一把把妙玲摟在懷裏，說：「好，閨女，妳就跟我學唱戲，保險不會餓死！」

「學唱戲？」三姑嘴巴張得大大的，她實在不敢相信妙玲和她爸爸會做出這個決定。

「你瘋啦？」大姑露出憤怒眼神。

魏彩榮也不相信張茂堂說的是真話，埋怨道：「你怎麼能跟孩子瞎說呀？」

大姑說：「茂堂，因為你學戲，已經鬧得親戚朋友都在你背後戳脊樑骨，說你百年之後不准葬入祖墳，還連累得你姊夫也在人前抬不起頭來，你如今還想讓閨女去學戲，你是不是瘋了？你想想，族長會答應嗎？」

一提起族長，張茂堂氣不打一處來：「族長是族長，我張茂堂是張茂堂。前年咱娘去世，沒有錢下葬，我給他磕了三個響頭，他才借了二十塊錢給我，還要三分的利息，還要咱姊夫做保人。他算什麼族長！」

「你既然不聽我的話，這個家我也不管了！」大姑氣鼓鼓地起身走了，臨出門的時候還撂下一句話：「張茂堂，從今天起，我不是你姊姊，你也不是我兄弟，咱們一刀兩斷！」

「一個雞娃兩隻爪，還能刨點吃的，我就不信孩子跟著我會餓死！」張茂堂人窮志不短，回答起來一點兒也不含糊。

從三年前的夜戲到現在，妙玲一次次地在院子裏又扭又唱，一次次想著登台唱戲，現在，爸爸終於決定帶她學戲了，妙玲自然高興。然而，要想美夢成真，她還得經歷許許多多艱難曲折呢。

張茂堂公開挑戰族長和大姊的權威，宣佈要帶女兒學戲，在老家董溝村是再也待不下去了。他打算帶領全家離開董溝村，自己到密縣的煤窯裏去賣力氣養家餬口，晚上就教妙玲唱戲。

張茂堂把家裏能變賣的東西都賣了，一共湊了七塊現大洋，這就是一家四口人的盤纏。

因為他們得罪了族長和有錢有勢的大姑，雖然知道他們要背井離鄉，但其他親朋好友都避他們遠遠的，沒有誰來問聲好，送個行。臨走那天早晨，只有妙玲的三姑悄悄地來了。三姑把妙玲叫到一旁，掏出一條黃帶子繫在她的腰上，囑咐她說：「妙玲，晚上住店的時候記得把這條帶子交給妳媽媽，千萬不要弄丟了。」

一家四口清早從董溝出發，天快黑時才到達滎陽縣城（今滎陽市）。張茂堂打算在這裏住一個晚上，第二天再坐騾車去密縣煤礦。

張茂堂領著老婆孩子朝一家小店走去，還沒有走到店門口，突然只聽他「哎呀」一聲，臉色一下子變得煞白，一屁股癱坐在地上。原來不知道什麼時候，張茂堂身上裝錢的褡褳被小偷畫破了一個口子，七塊現大洋一個不剩，一家人的盤纏丟了個精光。

張茂堂已經完全急蒙了。聽說錢沒了，妙玲媽媽魏彩榮放聲大哭。看到媽媽哭，兩個孩子也跟著哭。

一家人的哭聲驚動了店老闆，店老闆心腸好，他勸張茂堂：「錢丟了，你們急也沒有用。現在天黑了，你們又沒有錢住店，我這大車店後面有一間盛草的破屋子，你們就在那破屋子裏將就一晚上，明天再想辦法吧。」

那間破草屋只有三面牆，中間一個豁口算是門，裏面堆滿了草料和麥秸。張茂堂因為這突如其來的打擊，已經全身癱軟，人也病了。魏彩榮用身上所有的零錢買來兩碗湯麵給孩子們充飢，又將麥秸鋪平，安置丈夫和孩子們在麥秸堆裏躺下。

草棚裏因為放著草料，不能點燈。妙玲躺下的時候，摸到了腰上的黃帶子，又記起了早上三姑說的話，她便摸黑兒把黃帶子遞給母親。弟弟振有年紀小，聽說姊姊有一條三姑給的黃帶子，吵著非要不可，怎麼哄也哄不住。魏彩榮生氣了，將帶子朝兒子頭上一扔，說：「給你！」只聽到咚的一聲悶響，振有哇的一聲就哭了，直說：「疼！疼！」

黑暗中魏彩榮伸手一摸兒子的頭，發現他頭上竟然鼓起了一個包。

一條布帶子怎麼能打出一個包來呢？個中必有蹊蹺！

魏彩榮抓起布帶子仔細一摸，竟然摸到了個疙瘩！她把布帶子交給張茂堂，說：「也不知道她三姑在這條布帶子裏縫了個啥呢，把兒子頭上砸出了一個包！」

張茂堂接過布帶子一摸，驚喜地說道：「這好像是一塊銀圓呢！」

第二天一早，魏彩榮把布帶子拆開，果然是一塊銀圓。

張茂堂拿著這塊銀圓，淚流滿面：「三姊得省吃儉用掙多少時候才能掙到這塊銀圓啊！這可真是我們的救命錢啊！」

再晚也要練眼功

到了第六天早晨，張茂堂覺得自己精神好了許多，非常高興地對妙玲說：「妙玲，我今天渾身怪輕鬆的，病也好了。妳不是要跟我學戲嗎？來，我這就教妳幾句。」

妙玲看到爸爸真的要給自己教戲了，高興得眼淚都流出來了。

這一天，張茂堂教的是《洪月娥背刀》的頭四句。這齣戲妙玲之前聽戲班裏的人唱過。爸爸剛把四句唱詞唱完，妙玲就說：「我早就會了！」並且得意地唱了一遍。沒想到張茂堂把眼睛一瞪，說：「妳這也叫唱嗎？少板沒眼，胡溜八扯，還逞能！今天是頭一回，我暫且饒了妳。以後妳若不用心學，我可要打的。」

張茂堂在密縣煤窯給人裝車，賣的是苦力，但一家人的生活總算暫時安定了下來，他也可以正式教妙玲唱戲了。

學戲是妙玲的夢想，如今終於夢想成真，她打定主意要認真學。可是，她根本沒有想過學戲有多苦，因為學戲，她以後將要承受多少心靈和肉體上的痛楚。

接下來幾天，張茂堂仍然教《洪月娥背刀》的頭四句戲，他一字一腔地哼，妙玲一字一腔地學。頭一句八個字，整整學了四天，還是唱不準。妙玲急得不得了，恨自己太笨，懷疑自己不是學戲的料。倒是張茂堂並沒有生氣，還安慰妙玲：

「閨女，這是因為妳平素胡溜八扯慣了，要改過來不容易。但妳的嗓子不錯，是唱戲的料。一開始學戲要規規矩矩地學，踏踏實實地練，急不得，愈急愈上火，反而誤事。」

說起來你也許不信，雖然妙玲從小喜歡唱戲，學戲一直是她的夢想，她跟著爸爸也學得特別認真，每天練得也特別起勁，但這四句戲硬是學了一個多月才算學會。

從妙玲學戲起，張茂堂就緊緊把住吐字這一關，他說：「吐字不清，等於鈍刀子殺人。」他要求妙玲做到高音不刺耳，低音聽得清，有時為了一個字，妙玲得一遍一遍反覆地練。

俗話說「千斤念白四兩唱」，在練戲裏的念白的時候，張茂堂要求尤其嚴格。有一次，在教《抱琵琶》這齣戲的時候，裏面有一段秦香蓮的念白，其中有兩句「羊羔跪乳，馬不欺母」。這兩句話是什麼意思，張茂堂沒有解釋，妙玲根本不明白。因此，她一張口就把「母」念成了「墓」。剛開始，張茂堂還有耐心，一遍又一遍地示範，讓妙玲跟著念。一連教了五遍，妙玲總算是跟著念對了。可是，讓妙玲自己單獨念的時候，又把「馬不欺母」念成了「馬不欺墓」，張茂堂火了，一把擰住妙玲的耳朵，朝她吼道：「是母親的母，不是墓堆兒的墓，記住了嗎？給我念五十遍！」因為張茂堂自己不識字，妙玲也沒有上過學，不知道漢字的聲音有「平上去入」四聲，因此學戲的時候不管是張茂堂自己，還是妙玲，都只能是比葫蘆畫瓢，並不懂得這個字是讀第幾聲，為此妙玲不知道吃了多少苦頭。

張茂堂常說：「一個演員，要是眼睛上沒有戲，就等於有眼無珠。」他認為眼功是必不可少的基本功，要早學早練，愈晚愈不容易練好。不然，戲唱得再好，也要減色幾分。因此，從他教妙玲唱戲起，妙玲除了早起喊腔練功，晚上睡覺前還得練眼功。

每天晚上臨睡前，張茂堂都會點燃一炷香，讓妙玲拿在手上，香頭對準鼻尖，盤腿坐在床上，兩個眼珠緊緊盯住香頭，這種練功法叫練「鬥眼」。香頭冒出煙來，熏得眼睛直流眼淚，也不准眨眼睛，更不准閉眼睛。除了「鬥眼」功之外，還有一種眼功叫「轉眼」，就是練的時候揮動手臂，讓香頭在一條線上左右移動，有時畫個圓或者橢圓，香頭移到哪裏，眼睛就跟到哪裏。

媽媽魏彩榮看到妙玲白天練得筋疲力盡，渾身痠痛，晚上坐在床上還要練功，就埋怨丈夫：「你怎麼不白天教她呢？這麼半夜三更的還讓她練功，你總該讓孩子歇一歇吧。」

張茂堂說：「坐在床上不就是歇了嗎？我也不是不心疼孩子，可是這眼功非黑夜裏練不可，黑暗之中什麼也看不見，只有香頭上的紅點，這樣眼神就容易集中，這樣練也最長功夫。眼功在戲裏用處多著呢。比如在《破洪州》裏穆桂英一出場，眼睛就得和鑼鼓點配合起來；劇中的人物要考慮一個重大問題，眼珠一轉，就表示『計上心頭』；在

《桃花庵》那齣戲裏，竇氏一聽說丈夫死了，隨即兩個眼珠就要一起靠，眼神要由明亮變黯淡，然後身子一挺，倒在椅子上，表示昏厥過去了……」

戲是苦蟲，不打不成！

每次練眼功，都要練一炷香的時間，每次香頭燃盡，妙玲連懶腰都來不及伸一個，倒頭就睡了，睡得死沉沉的，即便天塌下來都不知道。這樣的艱苦練習，讓後來的常香玉練就了一雙炯炯有神的眼睛，而且眼睛的抗風能力還特別強。一九五三年常香玉到朝鮮戰場上去勞軍的時候，在陣地上演出，那天的風特別大，吹得連年輕的戰士都睜不開眼睛，可是常香玉毫不在乎，表演的時候眼睛傳神依然十分到位。

張茂堂自己是過來人，他認為一個演員僅靠一種本事要吃一輩子不保險。他自己就吃過虧。他原來唱旦角很吃香，倒了嗓子以後，就再也不能登台了，只能在戲班裏打打雜。如果自己當年既會文戲又會武戲，文戲不行了，還可以唱武戲。所以，他教女兒學戲，不僅教唱腔，還讓她練武功。但是他自己又沒有這方面的本事，不會給女兒示範，只好逼著女兒死練。

妙玲打小就好動頑皮，蠍子粘牆、打馬車軲轆、窩軟腰什麼的都是拿手好戲。爸爸讓她練武功的時候，她還暗暗高興，覺得這比學唱腔容易多了，肯定難不倒自己。她沒想到，就為練這武功，她不知道挨了多少打。

爸爸教她的第一項功夫是踢腿。他讓妙玲雙臂展開，兩腿繃直，挺胸直腰，兩條腿輪流往上踢，腳尖要碰到鼻尖才算合格。開始時一次踢六十下腿，以後逐天增加。一百，二百，三百，一直增加到踢五百下腿。一口氣踢下來，妙玲總是大汗淋漓，腰瘦腿疼。妙玲稍有偷懶，張茂堂就會罰她。半個月練下來，妙玲的腿都腫了。張茂堂不僅不讓妙玲停，還鼓勵她說：「孩子，咬牙踢下去吧，等到把腿上的腫踢消了，真功夫就出來了。」

有一天，妙玲踢到了四百七十七下，實在堅持不下去了，雙腿一軟，一屁股坐在地上，拿拳頭輕輕捶著腫脹的大腿，嘴裏說：「可練夠了。」冷不防張茂堂衝出來罵道：「我看妳以後還敢不敢說瞎話！明明少踢了二十三下，為啥說踢夠了？」

妙玲媽媽看孩子實在可憐，就勸道：「妙玲已經練得夠苦了，你就饒了她這一回吧！」

張茂堂朝老婆眼睛一瞪：「妳少管閒事！『戲是苦蟲，不打不成！』一個女孩家要是在台上只會打打旗，跑跑龍套，還不如送了童養媳！妳看我吧，就是吃了不會武功的虧，倒了嗓子以後，想找碗飯吃，有多難！」

爸爸的這番話，妙玲句句記在心上。自此以後，不管爸爸有沒有在後面看著，練功的時候她都不再偷半點懶。每天雞叫頭遍，她就起來，先喊腔練嗓子，然後就練踢腿。等腿上的腫消退以後，她還自己給自己加碼，一點兒一點兒加上去，一直增加到六百下。

張茂堂看到女兒能這樣努力，也特別高興，他說：「妙玲，有出息！以後每天早晨練功爸爸就不管妳了，妳自己好好喊腔，好好練功，我也好趁早出去幹活，多掙幾個錢。」

拜師學藝練苦功

當時，豫劇名角周海水創辦的太乙班在鄭州一帶很有名，周海水和張茂堂又是老相識，一九三三年，張茂堂便帶著剛滿十歲的妙玲來到鄭州，決定讓妙玲投到周海水的門下，正式拜師學藝。不巧的是，周海水師傅正要帶著班子離開鄭州去開封打拚，因為開封是豫東調的天下，周海水師傅是唱豫西調的，他怕自己這一次去開封萬一打不開局面，自己不僅沒有時間教妙玲，反而會把妙玲耽誤了，就沒有收妙玲為徒。

在鄭州拜師不成，張茂堂只好又帶著妙玲返回密縣，加入密縣的「平燕」科班。張茂堂在戲班裏打打雜，幹幹零活，妙玲一邊學戲，偶爾也扮演一兩個小角色。

戲班裏的武功教師馬九師傅看到張茂堂是真心實意想讓妙玲學點京劇的本事，就給妙玲介紹了在鄭州的另一個京劇師傅葛燕庭。葛燕庭是當時非常有名的京劇武生，到了鄭州，張茂堂按照馬九師傅的吩咐，先到一位名叫郭振海的師傅家裏，請他當介紹人，再一起去找葛燕庭正式拜師學藝。

拜完師，張茂堂回密縣煤窯繼續賣苦力掙錢，留下妙玲媽媽魏彩榮帶著兒子振有，借住在鄭州一個同鄉家裏，照顧妙玲。

當時葛師傅在鄭州的華樂舞台演出，他和妙玲約定，每天在華樂舞台碰面。因為妙玲年紀小，魏彩榮不放心，每次妙玲去學戲，魏彩榮總是跟著。

第一天，葛師傅問妙玲都會哪些功夫，妙玲說：「踢腿、蠍子粘牆、打馬車軲轆，我都會。」在京劇裏，蠍子粘牆叫「拿大頂」，打馬車軲轆叫「虎跳」，妙玲的話葛師傅一時沒有聽明白，他愣了愣神，便叫妙玲把看家本領拿出來。

妙玲自信自己的腿上功夫過硬，一口氣踢了兩百下腿，又一連打了幾個馬車軲轆。做完這些動作，妙玲面不改色，大氣不喘。她以為自己會受到葛師傅的誇獎，沒想到葛師傅只是表情淡漠地說：「妳這還只是正腿踢，還要練斜腿、騗腿、旁腿，名目還多著呢。」

葛師傅說的這些名稱妙玲之前根本沒有聽說過，臉唰地就紅了。葛師傅又把四把椅子兩兩相對擺好，中間只留兩三拃寬，對妙玲說：「妳打個馬車軲轆試試，記住，要從椅子中間打過去。」

妙玲看到椅子中間的距離那麼窄，還從這中間打著馬車軲轆過去，心裏完全沒有底，她又不想認輸，便咬咬牙打了一個，居然順順當當打過去了。心裏正暗暗高興，不料葛師傅又對她說：「再來一個試試。」妙玲知道自己剛才打過去不過是僥倖，這一回再打，心裏更沒有底，果然，硬著頭皮再打的時候，腳面碰到了椅子，立時腫起一個好大的包。

葛師傅知道她的腳碰傷了，也不再強迫她，而是自己在椅子中間打了好幾個來回，接著猛然往高處一縱身子，又穩穩當當落下來，雙腳和身子紋絲不動，就好像被釘子釘在那兒似的。妙玲看得眼睛都花了，也忘記了自己腳上的疼痛。葛師傅這才臉上露出笑容，對妙玲說：「今天就到這裏，明天正式教妳練功夫。」

妙玲原來的武功，都是在爸爸的逼迫下蠻練出來的，動作都不確實，葛師傅費了好大的勁才將它們一一糾正過來。葛師傅又教她練斜腿、駢腿，耍花槍、打飛腳、搶背等一些動作。這樣練了半個月以後，葛師傅才教她唱《花蝴蝶》中的四句戲。

一個月的時間很快就過去了，這一個月下來，妙玲只學了四句戲，其他就是沒完沒了地練那些已經練熟了的套路和功夫。妙玲媽媽魏彩榮本來就對送妙玲來學京戲有意見，她又特別心疼那每個月十二塊錢，所以，當第二個月再給葛師傅交錢的時候，她就悄悄跟妙玲說：「妳爹真是鬼迷心竅，咱唱的是梆子，偏偏還要拜一個京戲師傅。」

妙玲學戲心切，看到葛師傅總是不教新東西，心裏不免對老師起了埋怨，聽媽媽這麼一挑撥，對師傅更加不滿起來。

有一天，葛師傅讓妙玲練功的時候，妙玲心裏不服氣，一直心不在焉，葛師傅火了，作勢要打。妙玲躲閃時一腳踩空，從練功的桌子上摔下來，重重磕在地面上，因為頭面先著地，磕得口鼻鮮血直流。

葛師傅看到妙玲臉上流了這麼多血，一時之間愣在那兒，不知道該說什麼好。旁觀的魏彩榮衝上去把妙玲扶起來，對葛師傅說：「就算你有天大的本事，俺孩子也不跟你學了！」她轉身拉起妙玲的手，說：「走，咱們回密縣受罪去！」

母女兩人氣呼呼地回到密縣，雖然魏彩榮說了葛師傅不少壞話，但是當張茂堂讓妙玲把葛師傅教的功夫亮出來的時候，他看著妙玲踢腿的架式，又驚又喜。張茂堂對女兒打量了又打量，彷彿眼前的女兒不是自己的女兒了。

張茂堂說：「妳媽把葛師傅貶得一錢不值，只怕是冤枉了人家呢。葛師傅教的可都是《花蝴蝶》裏的真功夫啊！他讓妳重複練，是為了讓妳的功夫扎實。妳媽真是糊塗呀！」

為求生計跑高台

聽爸爸這麼一說，妙玲的心裏很不是滋味，很想什麼時候能當面向葛師傅賠個禮，道個歉，但一直沒有機會。直到幾年以後，常香玉已經成名，在西安搭班演戲，聽說葛師傅也在西安，她便立即買了禮物，和爸爸一起去拜望葛師傅。常香玉準備了一肚子的話想向葛師傅說，可是一站到葛師傅的面前就像個悶嘴葫蘆，一句話也說不出來了，但她的心裏一直對葛師傅充滿感激。後來，每當有人誇她的武功好，她就不由得想起葛師傅對她的栽培。

為了讓妙玲多學戲，從鄭州回來後沒多久，張茂堂就帶著妙玲去了一個戲班搭戲，在密縣、滎陽、鞏縣、鄭州等地串集市、趕廟會，俗稱「跑高台」。

跑高台的生活緊張極了。按規矩，戲班一般在一個地方只演三天，這三天裏每天演三場。也就是每天前晌、後晌、晚上都得演出，三天以後，戲班再開拔到新的地方。

每天清晨，妙玲頂著星星到河邊或者樹林裏喊腔練功，回來吃完早飯，早戲已經開場了。中午吃了午飯，別人可以稍微歪在鋪蓋上迷糊一下，妙玲得抓緊時間背戲詞，兩點左右又得上棚演出，一直演到日落西山。匆匆吃過晚飯，夜戲又開場了。尤其是第三天夜戲散場以後，因為要挪點換台，一夜趕三五十里路程是常有的事。哪怕風雨交加、滴水成冰，第二天的早戲仍然耽誤不得。

跑高台走夜路的時候，張茂堂怕女兒犯睏，就給她講戲，或者讓她背戲詞。若是起五更趕早場，他就讓妙玲在路上練功。張茂堂但凡看到路邊有一兩張桌子高的田埂或者土坎，便覺得是練功的好場所，絕不肯錯過。他讓妙玲在埂上翻大提，翻前簸，或者練雙劈叉。等妙玲練完了功，他再陪著女兒一路小跑著去追趕前面的隊伍。

為了不讓妙玲在戲台上睡著，張茂堂就讓妙玲在身上揣著一盒萬金油，讓她在實在瞌睡的時候用萬金油往臉上塗，給自己提神。

搭班唱戲，如果是正式演員，可以拿份子錢，但妙玲是隨班學藝，拿不了份子錢，只不過吃飯不用掏錢罷了。妙玲特別能吃苦，也特別用功。沒事的時候，她就總是站在場門口看別人演戲，用心琢磨台上演員的唱腔和身段，平時一有機會，就向師傅們問長問短。因為勤學苦練，妙玲進步很大，會的戲也愈來愈多了。

看到妙玲的進步，張茂堂特別高興。但他知道妙玲要真正有出息，還得有名師指點。一九三四年春天，張茂堂帶著十一歲的妙玲第三次來到鄭州，決定讓妙玲再次拜周海水為師。

來到鄭州的當晚，正趕上周海水師傅要演《斬蔡陽》。當張茂堂帶著妙玲來到後台的時候，周海水師傅正在化裝。相互問候以後，周師傅看了看妙玲，非常高興地說：「孩子長高了，也長機靈了。我也聽從密縣來的人說過，妙玲的武功不錯。既然你們已經來了，那就讓妙玲今天晚上給我上個馬僮，中不中？」

張茂堂一聽，高興極了，馬上答應：「能給周師傅演馬僮，這是她的造化呀！只是她沒見過什麼世面，還得讓老弟你多操心啊！」

馬僮這個角色，沒有一句唱詞，講究的是翻騰功夫，一個人在台上，有多大本事都可以拿出來。妙玲想起上次來鄭州演出時髯口掉下來鬧了笑話，這回正想要顯顯本事，把面子扳回來，所以，隨著鑼鼓點子的響動，門簾一掀，妙玲一個踺子飛砸出場，接著是一連串小翻。台下立馬有了喝彩聲。聽到喝彩聲，妙玲更來勁了，又是一連串的雙劈叉，走虎趴，最後是脊背著地，揮臂掄腿擰身連續翻滾，這個動作叫「烏龍絞柱」。

妙玲的表演十分精彩，看得人眼花繚亂。場下的喝彩聲更響亮了。

按規矩，這些動作表演完畢，妙玲應該拾起馬鞭，迎周海水扮演的關公出場。但妙玲聽到場下的喝彩聲，感到剛才的表演還不過癮，又把剛才的動作重複了一遍。

散戲後，周海水師傅高興地對張茂堂說：「這孩子長進大，有出息！大哥，你們爺兒倆就留在我這裏吧！」

爸爸被當成了人販子

周海水師傅教妙玲的第一齣戲是《賣苗郎》，故事講的是苗郎的母親柳迎春為了籌錢給公公治病，不得不忍痛把兒子苗郎賣了。周師傅讓妙玲扮演苗郎。戲中苗郎的唱詞不多，妙玲很快就學會了，可是周師傅總覺得妙玲唱得不夠有韻味。他耐心地對妙玲說：「苗郎是個苦命的孩子，家裏窮，他媽媽要把他賣掉。妳將心比心，要是擱在妳身上，妳心裏是啥滋味呢？」經周師傅這麼一說，妙玲猛然想起了自己幾個姑姑當童養媳時所受的罪，頓時心裏一酸，眼窩裏湧出了淚水，再開腔唱的時候，剛唱出一聲「娘」，心裏就覺得彷彿有說不盡的冤情，心裏一慟，唱腔裏就帶出淚來了。

周師傅立即說：「這就對了。唱哭戲要是不能叫人掉眼淚，就不算好唱家。」

從妙玲九歲正式學戲起，這是她第一次懂得用心體會戲中角色的感情，雖然還算不得完全「開竅」，但至少算是學會了演員表演的時候要接近角色。

《玉虎墜》是河南梆子的傳統經典劇目，在舊時河南各路梆子中都上演過。故事講的是佔山為王的馬武下山去拜訪好友馮彥，適逢算命的瞎子王騰和女兒王娟娟在集市上卜卦算命。馮彥的弟弟馮鷹為了霸佔哥哥的產業，殺死算命先生，嫁禍給哥哥馮彥，還想把嫂嫂馮氏賣掉。馮氏帶著兒子義郎連夜出逃，在破廟裏遇上王娟娟。為救馮彥，王娟娟取出祖傳寶物玉虎墜讓義郎去賣。恰逢洛陽守備王元路過此地，將義郎收為義子，帶往洛陽。馮氏帶著王娟娟來到守備衙門告狀，王元升堂問案。與此同時，馬武下山殺死馮鷹，替馮彥報仇，又領兵攻打洛陽，使得義郎終於和母親、王娟娟相見。

《玉虎墜》是當年張茂堂的拿手戲，妙玲幼年跟著爸爸學戲時就學過。在戲班到鄭州南關趕藥材大會的時候，周海水有心想讓妙玲演《玉虎墜》。於是，他對戲班裏的另一個女演員孫蘭芳說：「蘭芳，過兩天我們去南關的時候妳和妙玲合演《玉虎墜》吧，妳扮馮大娘子，讓她扮王娟娟，準能唱響。」

孫蘭芳十八歲了，是周師傅專門從開封約請來的唱豫東調的演員。

孫蘭芳聽周師傅這麼說，當時沒有吭聲，只是拿眼睛瞅了瞅妙玲。周師傅看她一臉不樂意的樣子，就解釋說：「妙玲比妳小，個子低一頭，還是奶腔，扮王娟娟比較合適。閨女，妳就扮馮大娘子吧！」

聽了周師傅的解釋，孫蘭芳也沒再說什麼就走了。

孫蘭芳當時已經是「角兒」，也就是說她當時在河南梆子演員裏已經有了名氣。能和這樣的「角兒」一塊兒演戲，妙玲既開心又有些膽怯。那天晚上開演前，妙玲早早地就化好裝，坐在一旁溫戲。可是左等右等也不見孫蘭芳露面。等到前面兩個墊戲都快收場了，孫蘭芳的媽媽才來到後台，氣呼呼地對周海水師傅說：「今天蘭芳不來了。她們一個豫東調，一個豫西調，唱不到一塊兒！」

周師傅說：「咱們是個小戲班，哪能分得那麼清呢？之前蘭芳不是也答應了嗎？臨時變卦，妳讓我可怎麼辦……」

孫蘭芳的媽媽沒等周師傅說完，就把話頭搶了過去：「你讓我家蘭芳給一個黃毛丫頭配戲，她不嫌丟人，我還嫌丟人呢！」說完，鼻子一哼，扒拉開人群走了。

大家都愣了神。戲就要開演了，臨時改戲已經來不及了，這可怎麼辦呢？

「唉，真沒想到會這樣！」周海水師傅長歎一聲，把褂子一脫，「我上吧！我一輩子沒有演過青衣，這一回只好出醜了！」

看到周師傅為難的樣子，妙玲在心裏對自己說：「我今天一定要爭口氣，把王娟娟演好，氣氣孫蘭芳！」

這齣戲妙玲本來就十分熟悉，那天出場以後，妙玲唱得特別賣力，動作也比平時靈活。第一場戲唱下來，就贏得了不少掌聲。在第二場戲裏，妙玲唱完，本該周師傅接腔，但周師傅因為是臨時上場，平時又沒有演過，忘詞了，不知道該怎麼接，妙玲立即小聲地給周師傅提了詞。周師傅畢竟是老江湖，一點兒也沒慌神，在妙玲給他提了詞以後，他從從容容地接著唱下去，唱得嚴絲合縫，台下的觀眾誰也沒有察覺出來。

戲演完以後，周師傅回到後台，攔腰抱起妙玲，掂起來掄了三圈，掄得妙玲暈頭轉向，才把她放下來，一把摟在懷裏，高興地對她說：「乖孩子，妳今天唱得真不賴！」

孫蘭芳鬧的這場彆扭，讓張茂堂覺得他們父女兩個不能再待在周海水師傅的戲班了。因為孫蘭芳是周師傅請來的主演，如果她心裏不痛快，勢必會使周海水師傅左右為難。儘管周海水師傅再三挽留，張茂堂還是帶著妙玲離開了周師傅的戲班。

離開戲班以後，張茂堂一時也沒有找到新的戲班搭戲，心情很不好，脾氣就更加暴躁。

一天中午，他帶著妙玲在一個打麥場練功的時候，因為天氣炎熱，妙玲練得口乾舌燥，汗水直流，正好這時母親魏彩榮端來了一罐涼茶，妙玲就想喝口涼茶再練。

可是張茂堂說什麼也不答應，妙玲頂撞父親，被正在氣頭上的張茂堂踹了個嘴啃泥。她腦門兒正好撞在一塊石頭上，頓時血流如注，昏了過去。

等妙玲醒來，發現自己躺在媽媽魏彩榮的懷裏，頭上的傷也已經包紮好了，而爸爸竟然被當成人販子，抓到了保公所。

保公所是當時國民政府的地方基層組織，掌管地方上的一些自治事務。

妙玲和魏彩榮隨著保丁來到保公所，只見張茂堂身上捆著繩子，正低著頭站在那兒，被人盤問。

魏彩榮見了，趕緊哀求：「俺閨女是個唱戲的，這是她親爹，不是人販子。」

人群中有一個老大爺，站在一旁端詳了老半天，認出來妙玲就是前些日子在戲院演戲的那個小閨女，於是，有他做證，保公所才給張茂堂鬆了綁，但還是狠狠地把他教訓了一頓：「即便是親閨女，你下手也太狠了！以後可不許再這樣心狠手重了！」訓得張茂堂點頭哈腰，連聲稱是，還賭咒發誓，說以後再不打妙玲了。

妙玲有了新名字

從保公所回來，魏彩榮和張茂堂大吵了一架。

魏彩榮埋怨張茂堂動不動就打孩子，張茂堂卻說不打練不成戲，夫妻兩個一時僵持不下，魏彩榮忽然說：「與其這麼打下去，還不如把孩子送了童養媳！」

妙玲聽到媽媽又說要把她送童養媳，身上就像被蠍子螫了一樣渾身打戰。她撲通一聲跪在地上，抱住媽媽的雙腿哀求道：「媽，我不當童養媳，還是讓我跟著爸爸學戲吧！」

魏彩榮一把抱住閨女，眼淚直流：「還學戲哩！只怕挨不到學出來，妳早被妳爹打死了！」

就在這一家人悲悲切切的時候，門外傳來一聲響動，妙玲的乾爸來串門了。

妙玲的這個乾爸，名叫常慶會，因為在家裏排行第一，人稱「常老大」。

常老大在鞏縣站街開了個小飯鋪。有一年秋天，張茂堂帶著妙玲回老家給已經過世的奶奶做三週年，到站街時，天已經黑了，只好借住在站街一個熟人開的小菸鋪裏。那天晚上張茂堂打發女兒睡覺的時候，不小心把沒有掐滅的菸頭裹在妙玲的衣服裏，結果把衣服燒出了幾個大窟窿。妙玲當時只穿了這一身衣服，衣服破得不能再穿了，第二天出不了門了。

那天早晨，張茂堂上街去買早點，進的正好是常老大的小飯鋪。常老大因為是個戲迷，聽說過張茂堂。他看到張茂堂，便問道：「你就是董溝那個姓張的吧？你這次回鞏縣來幹什麼呀？」

張茂堂說：「我這次回來是給我故世的母親做三週年。可是眼下，我閨女的衣服燒壞了，窩在店裏出不了門，我正發愁不知道該怎麼辦呢。」

常老大家正好有一個閨女，年歲跟妙玲差不多。他聽了張茂堂的難處，立即撂下手裏的生意，跑了三里多路，回家取來她閨女的一身衣服，交給了張茂堂。張茂堂把衣服送去給妙玲穿上以後，又領著妙玲來給常老大道謝。常老大看到妙玲穿上他閨女的衣服十分合身，特別高興。他又端詳了一會兒妙玲，悄聲問張茂堂：「這就是那個跟你學戲的閨女吧？」

原來，妙玲跟著爸爸在密縣學戲的風聲早已經傳到了鞏縣，引起了種種議論。當時豫西一帶還沒有女孩子學唱戲，許多人說女孩子學戲不是正道，張家的族長認為妙玲辱沒了祖宗，已經揚言不許妙玲姓張。

提起這些，常老大氣憤地說：「唱戲也是憑本事吃飯，光明正大，有什麼丟人的！老弟，我要有這麼個閨女，才不怕那些閒言碎語呢！」

張茂堂看到常老大為人熱忱，心裏一激動，就說：「大哥，這閨女就給了你吧。」

常老大說：「一言為定！」

就這樣，妙玲認了常老大做乾爸。

當常老大一走進屋裏，便發現妙玲和魏彩榮的臉上都掛著淚花，連忙問道：

「她們這是怎麼啦？」

張茂堂歎了一口氣：「哎呀，三言兩語說不清。走，我們哥兒倆先上街去喝兩盅，咱家地方窄，也正好給你找個住的店。」

常老大說：「到底有啥事？你現在就告訴我，一家人不說兩家話。」

張茂堂就把事情的前因後果跟常老大說了一遍，末尾他告訴常老大：「妙玲媽寧願把孩子送童養媳，也不想讓她再跟我學戲了。」

常老大說：「妙玲若果真不學戲了，你們族長可就有話說了，『諒你張茂堂也成不了精』；還有一些人也會跟著說，『胳膊終究扭不過大腿』。有朝一日，只怕你張茂堂還得回鞏縣去給族長磕頭認罪呢！」

張茂堂本來是個倔脾氣，聽了這話，他氣得頭上青筋直冒。於是，他斬釘截鐵地說：「不叫俺唱俺非要唱，俺還非在鞏縣唱不可！」

常老大說：「這才對嘛！我知道有個武勝班現在正好唱到鞏縣去了。明天咱們一塊兒回去，你們爺兒倆就搭他們的班。」

一場風波就這樣過去了，妙玲知道自己又可以跟著爸爸學戲，再不用擔心會被送童養媳了，心裏很高興。常老大看到妙玲頭上紮著布包，血還在往外滲，便又對張茂堂說：「老弟呀，閨女有我的一半呢。你以後不要再打她了，不然我可要把她接到我家裏，不許你同她見面了。」

張茂堂看看妙玲，又看看常老大，不好意思地笑了。

張茂堂說到做到，果然帶著全家人回了鞏縣，帶著妙玲隨武勝班搭班演戲。趕了幾個廟會以後，張茂堂帶著女兒妙玲回鞏縣唱戲的消息就完全傳開了。一天上午，有一個人突然來到戲班落腳的地方，當著眾人的面，氣勢洶洶地說：「張茂堂，你過來！族長說了，你自己唱戲當下九流，就夠丟人敗興的了！如今你又領著閨女唱戲跑江湖，真是作孽！兩條路任你挑，『要姓張就不能再唱戲，要唱戲就不能再姓張！』」

張茂堂也不示弱，他昂首挺胸地走到來人的面前，冷笑一聲，說道：「百家姓上有的是姓，從現在起，俺的孩子姓常，不姓張！」

來的人碰了一鼻子灰，氣急敗壞地走了。戲班裏的師傅們趁機說：「茂堂，乾脆一不做，二不休，真給妙玲把名字改了吧！」

張茂堂也覺得大家說得有道理，他想了想，說：「古時候有個楚霸王，力氣大，武藝高，名叫項羽。俺這閨女，今後就叫『項羽』，又是『香』，又是『玉』，今後就叫常香玉！」

張茂堂不識字，戲班裏的人識字的也沒有幾個，他們單憑聲音，把「項羽」和「香玉」弄混了，以為「項羽」就是「香玉」。不過，從此張妙玲的名字消失了，常香玉的名字愈叫愈響亮。

走再遠也不忘鄉情

張茂堂當年離開鞏縣的時候，把家都變賣了。現在一家人回來，只能暫時借住在站街。

張茂堂念念不忘當年香玉三姑的恩情，若當時沒有她偷偷縫在腰帶裏的那一塊銀圓，他們一家人現在還不知道在哪裏呢。如今既然回到了鞏縣，他就買了兩塊衣料和幾包點心做禮物，讓老婆魏彩榮帶著香玉去看三姊。但他還是記大姊的仇，一再囑咐她們：「妳們是去看三姊的，可不要到大姊家去！」

香玉的三姑和大姑都住在石鬮村，離香玉他們借住的站街有二三十里地，中間還隔著一條河。那天，香玉和媽媽到了三姑家，三姑特別高興。留她們吃過晚飯後，三姑又拿出兩包點心，攛掇她們去看大姑。

三姑說：「不管怎麼說，她是大姊，妳們到了我這裏，不去大姊家，四鄰八舍不說妳們的不是，倒會說我不懂人情禮數。再說，當年妳們家窮，大姊也照顧得不少啊！」

經香玉三姑這麼一勸說，魏彩榮終於答應下來，說：「要去現在就去吧。」

石鬮村是個大村子，從香玉的三姑家到大姑家，也有兩三里地。她們趕到大姑家的時候，天已經很晚了。大姑沒料到香玉她們娘兒倆會來，先是大吃一驚，隨即便笑逐顏開，讓兒媳趕緊過來倒茶，熱情地接待香玉娘兒倆。

魏彩榮左看右看，沒有看到鸞兒，便問道：「鸞兒呢？」這一問，大姑的眼淚吧嗒吧嗒直流。原來鸞兒是大姑的女兒，年歲和香玉相仿，卻不幸在一年前病死了。

看到香玉大姑這麼傷心，魏彩榮立即安慰她說：「大姊，人死不能復生，妳也別太傷心了，以後就讓妙玲孝敬妳。」大姑這才抹乾了眼淚，強顏歡笑起來。她還打開箱子，找出鸞兒留下的幾件新衣裳，挑出一件最漂亮的塞給香玉，留給她做紀念。

本來一家人正在高高興興地說話，突然香玉的表哥走了進來。這位表哥瞧不起唱戲的，一見香玉母女就冷嘲熱諷，香玉難耐心中的怒火，把大姑給的新衣裳狠狠摔在床上，說了聲：「媽，我們走！」拔腳就往外面奔。

大姑終究不放心她們母女倆，派了家裏的長工鐵蛋牽著驢追上來，送她們回去。然而香玉根本不理他，還把媽媽也從驢背上拽下來，氣呼呼地說：「走！妳不是也長著兩隻腳嗎？我們自己走，不騎他們家的驢！」不得已，魏彩榮只好跟著香玉在前面走，鐵蛋牽著驢沒精打采地跟在後面。

走到河邊的時候，天還沒有亮。直到東方泛起了魚肚白，渡船從對岸過來，香玉和媽媽上了渡船，鐵蛋也不敢回去，而是跟著她們上了渡船，又一直將她們送到站街的住處才回去。

魏彩榮怕張茂堂責備，囑咐香玉不要把去大姑家的事情告訴張茂堂。沒想到香玉一回家，嘴巴就像放鞭炮似的，劈里啪啦都說了。張茂堂聽到女兒寧願走路，也堅決不肯騎大姑家的驢，高興地朝香玉豎起大拇指：「好樣的！這才是我張茂堂的閨女！」

張茂堂雖然給妙玲改了姓，換了名，但也明白鞏縣的族人親戚對他們父女倆唱戲成見很深，族長甚至已經揚言，要是再見到張茂堂，非把他的腿打斷不可。張茂堂覺得待在鞏縣實在沒有意思，恰巧又得到消息，周海水師傅的豫西班到了開封，他便決定帶著香玉，去開封投奔周師傅。

一鳴驚人

一九三五年臘月初，小香玉隨周海水師傅的豫西班又來到開封。

這是周海水師傅帶領班子第二次來開封，第一次來的時候在開封沒有打響，他心裏窩著氣，這次重整旗鼓，再次來到開封，非在開封打開局面不可。

周師傅的豫西班在鄭州一帶很吃香，為什麼到了開封就打不響呢？這牽涉觀眾的欣賞習慣問題。當時，豫劇有各種流派，比如豫東調、豫西調、祥符調、沙河調、懷梆、南陽梆等，各有各的地盤，各有各的觀眾。一個戲班或者一個演員，在一個地方很紅，換一個地方就不一定紅。以往，豫西調演員唱得再好，唱到鄭州就不再往東了，祥符調、豫東調演員一般也只唱到鄭州，就不再往西。

周海水師傅這回來開封，事先做了充份的準備。頭牌演員方面，除了他本人外，還有號稱「豫西三張」之一的張同慶和當時最著名的旦角演員燕庚、周銀聚、翟燕身等。

主要配角也很整齊，是他最早收的三個徒弟——湯蘭香、蘇蘭芬、蘇蘭芳，還有常香玉。這幾個女演員中，只有常香玉當時還沒沒無聞，其他幾人的名號都已經很響亮了。這是一個行當齊全、陣營強大的班底，完全可以做到文戲不行有武戲，男的不響有女的，老的不行有小的。

張茂堂對香玉在開封演出也非常重視，還特別將一位本家叔叔請到開封來，和他一起調教香玉。

這位本家叔叔名叫張丙運，是個私塾先生，懂戲，還會編戲。他看了香玉的戲以後，認為香玉有「兩長一短」。頭一個長處是武功基礎扎實，在豫劇演員中並不多見，在女演員中更是絕無僅有；第二個長處是繼承了張茂堂的優點，唱腔吐字清楚；缺點是戲味太差，也就是臉上沒戲，腔不帶情，也不會運用身段和手勢來表現戲情。他以《桃花庵》中上門樓一折為例，教導香玉：

「竇氏的丈夫出門十二年，生死不明，竇氏的心裏應該很痛苦，可是，妳唱『張才夫出門一十二年未回來』時，從眼神到唱腔都缺少心酸難過的味道，雙手擦眼淚的時候，手離臉面至少有半尺遠，哪裏像擦眼淚的樣子呢？」

張茂堂覺得本家叔叔說得有道理，他說：「這妮子就是個木頭疙瘩，心裏就是沒戲。」其實不是香玉心裏沒戲，而是香玉自己還只是個十二三歲的孩子，自小就跟著爸爸學戲，生活單純，還根本不懂得那些人情世故。

張丙運說：「不要緊，孩子還太小，這些事情慢慢就會懂了。現在我們得發揮她的長處，在她的戲裏給她加一些武功身段。唱戲要想出人頭地，沒有突出的特點不行，一招鮮，吃遍天！」

戲班在開封的醒豫劇院演出。開演前三天，劇院門口就貼滿了花花綠綠的海報，張同慶、周海水、燕庚等主演的名字，每一個都有報紙大，湯蘭香她們的名字也有拳頭大。但常香玉是無名之輩，她的名字還上不了海報，演戲的時候，也只能演前面的墊戲。好在香玉的名字還從來沒有上過海報，海報上沒有她的名字，她也不覺得難過。

那時候，開封的戲園子日場夜場都演，每次演出時間都在四個小時以上。開演時先演個墊戲，接下去是中軸、大軸。墊戲有兩個作用，一是等候觀眾到齊，使早來的觀眾有戲可看；二是先讓演得差的戲為後邊的好戲做鋪墊，先由無名的演員為有名的演員做鋪墊。

頭一齣戲是《曹莊殺妻》，香玉扮演戲中曹莊的妻子焦氏。焦氏是個潑辣的潑旦，好吃懶做，虐待婆婆，後來被曹莊殺了。雖然香玉只是演墊戲，但開演那天，一家人早早吃過午飯就往戲院趕。爸爸張茂堂牽著香玉的手走在前面，媽媽魏彩榮抱著香玉的化妝盒跟在後面，夫妻倆像女兒要出嫁了一樣鄭重其事。

在香玉化好裝之後，張茂堂先到前台看了一遍，告訴香玉台上哪裏有稜，哪裏有坑，要如何小心，又把香玉領到後台的場面師傅面前一一鞠躬，請他們對香玉多多關照。

戲演到曹莊砍柴回家的時候，看到母親眼中有淚，知道她又遭受了焦氏的虐待，便呼喚焦氏出來問個究竟。香玉在呼喚聲中出場，左手拿著一個饃，右手拿著一根蔥，吃一口饃，咬一口蔥，邊走邊吃，一路扭到台前。焦氏正要抬腿進屋，猛聽得曹莊一聲怒吼，她嚇了一跳，驚叫一聲：「哎喲，娘呀！」立即把手裏的饃和蔥扔了出去。香玉上場這一扭、一吃、一扔，竟然就讓亂哄哄的劇場頓時安靜了下來。

接下來的動作，更是張茂堂為香玉精心設計的，既符合焦氏的身份，又能展示香玉的武功。曹莊看到焦氏虐待母親，又氣又惱，便動手責打焦氏，焦氏怕挨打，在婆婆的身後左躲右閃。驚慌之中，焦氏閃出一個空檔，被曹莊猛踢一腳。慣常的演法，焦氏順勢倒下就可以了。張茂堂在這裏為香玉添了個新花樣，讓她趁曹莊踢過來的時候，順勢起一個小翻落下來，屁股穩穩坐在地上。香玉起得高，落得穩，加上又是個小孩子，馬上贏得了喝彩聲。隨即在曹莊追打的過程中，香玉又接連翻了三個小翻，剛剛翻完，便是滿堂喝彩。

接下來的墊戲，香玉演了《玉虎墜》中的王娟娟和《大祭樁．打路》中的黃桂英。根據劇情，張茂堂又分別在戲中給香玉加了小翻、虎撲、劈叉和烏龍絞柱等精彩的武打動作，同樣受到了觀眾的歡迎。

這是香玉初到開封時張茂堂為她精心設計的「頭三腳」，沒想到這頭三腳竟然都踢響了！

小小香玉成台柱

周海水是一個精明的掌班師傅。香玉演了兩個月墊戲以後，他便看到了香玉的潛力，主動跟張茂堂說：「香玉這孩子的戲大見長進，以後她的戲碼得往前提。」這是句行話，意思是叫香玉改演中軸，名字也要上海報。

又過了半年，香玉的中軸戲愈來愈過硬，海報上的名字也愈來愈大了，但是，周海水師傅卻始終沒有提出讓香玉演大軸。

一天晚上，香玉演完中軸戲，爸爸張茂堂就帶著她離開了醒豫劇院，說是要帶她去看一場京戲。

京戲當時在河南叫「黃戲」。為了省錢，父女兩個買的是站票。香玉跟著爸爸走進戲院，就見台上一個女子正在跟四個男的對打，男的輪流把槍扔過去，都被女的一一用腳踢回去了。只見那女的前踢，後踢，左踢，右踢，左右同時踢，有時候還躺在台上踢。香玉目不轉睛地看著，只覺得滿台上銀槍飛舞，根本數不清究竟有幾桿槍。

回家的路上，張茂堂告訴香玉，這齣戲叫《泗州城》。故事講的是泗州城的水母幻化成人形，欲與書生烏延玉成婚。烏延玉騙取水母身上的明珠，逃出洞房。水母大怒，率領水族掀起波濤，水淹泗州城。觀音菩薩派遣眾神與水母搏鬥，最終將水母收服。

《泗州城》是京劇中最經典的武旦戲，又叫「出手戲」或者「打出手」。刀槍棍棒滿台飛舞，水母以拍槍、挑槍、踢槍、前橋踢、後橋踢、虎跳踢、烏龍絞柱踢、連續跳踢等高難度動作表現驚險的戰鬥場面，極具觀賞性。

看了《泗州城》，香玉的魂兒彷彿被勾走了，當天夜裏就綽起一桿槍到月光下自己練了起來。隨後幾天，她日思夜想，一心想把《泗州城》裏的本事學到手。

一天，香玉對爸爸說：「爸爸，我要學打出手！」

香玉滿心以為會得到爸爸的支持，沒想到爸爸卻說：「妳想學出手戲？這玩意兒可只有黃戲裏有，河南梆子裏嘛，不要說女的，連男的也沒有人會。太難了！」

香玉把脖子一挺，說：「爸，我不怕難！你讓我學吧！以前河南梆子裏沒有人會，我若學會了，以後不就有人會了嗎？」

張茂堂帶香玉去看《泗州城》，就是有心讓她學這「打出手」。可是他又怕自己提出來讓香玉學，香玉會有逆反心理，便用了個激將法。他看到香玉樂意學，一把將她摟在懷裏，誇獎說：「好孩子，有志氣！妳和爸爸想到一塊兒了！」

張茂堂給香玉找了一位武功很好的京劇師傅，又找了四個小青年作為陪練，每天上午苦練《泗州城》。香玉練得渾身上下青一塊紫一塊，腳面腫得穿不了鞋，走起路來也一瘸一拐，但每天下午和晚上的兩場戲還不能耽誤。這樣苦練了一個多月，香玉終於把

《泗州城》拿了下來。

一九三六年中秋節前三天，常香玉在醒豫劇院連演了三天《泗州城》，引起了轟動。因為河南梆子裏第一次有了「出手戲」，而且是由一個十三歲的孩子演的。那三天，劇院裏座無虛席，站廂裏更是人挨人。香玉演的雖然還是中軸戲，但比周海水、張同慶、燕庚他們的大軸戲還叫座。

中秋之後，新的一季演出開始，香玉正式成了主演，每月的份子錢也從十二塊現大洋漲到了二十四塊。當時物價便宜，買一袋麵粉不到兩塊現大洋。香玉一個月能掙二十四塊，一家人的日子比以前好多了。

當時開封有三台梆子戲，除了常香玉所在的醒豫劇院之外，還有豫聲劇院和永安舞台。每一台都有名角，每一個名角都有自己的看家本領，競爭特別激烈。

香玉是新人，為了讓她能在開封站穩腳跟，張茂堂提出了一個大膽的想法，他讓香玉在這一季裏連演四十五天，每天不重戲。

當時香玉會的戲並不是很多，而且她還不會算賬，她根本沒有想要怎樣實現爸爸給她定的目標，她在這一季裏除了天天演戲之外，還得每四天就學一齣新戲。但憑著初生牛犢不畏虎的精神，香玉硬是挺過來了。

為了學新戲，她一日三餐的時間都在背戲詞，根本不知道每天扒拉進嘴裏的東西都是什麼味道。到了晚上，兩隻腳累得浮腫，穿不進鞋。她不懂這是為什麼，還天真地問媽媽：

「媽，為什麼我的鞋早上大，晚上小呢？」

魏彩榮心疼地說：「傻閨女，鞋子早晚是一樣大的，是妳的腳累腫了呢！」

組成了新戲班

香玉擔任主演以後，醒豫劇院每天客滿，周海水師傅和醒豫劇院都賺了不少錢。

然而，周海水師傅卻不想再在開封久留，他想帶著戲班到西安去發展。

張茂堂覺得香玉在開封剛打開局面，現在去西安的話，香玉又要從零開始闖蕩，便想趁此機會自己組個戲班，留在開封。

於是，由張茂堂掌班、張同慶和常香玉共同領銜的「中州戲曲研究社」誕生了。

中州戲曲研究社匯聚了當時河南梆子中的好幾股人馬。

對河南梆子裏的傳統戲目，大家都熟悉和瞭解，戲班和戲班之間，比拚的是演員的功力。張茂堂認為，中州戲曲研究社如果在演傳統劇目的同時，還能推出叫得響的新戲，才是真正的成功，用現在的話來說，這才是「核心競爭力」。因此，在中州戲曲研究社的成立大會上，張茂堂激動地說：「咱們中州戲曲研究社，這『研究』二字重如千斤，咱們要不斷拿出些新玩意兒來。」

為了這重如千斤的「研究」二字，中州戲曲研究社從成立之初，就開始整理舊戲，編寫新戲。為此，張茂堂再次請來了本家五叔張丙運，張丙運又介紹了他的兩個朋友，一位叫史書明，另一位叫王鎮南。

史書明和王鎮南都是北京師範大學畢業的，在當時河南的教育界很有名氣。他們也都熱愛戲劇，認為豫西梆子應該改良。

張茂堂雖然不識字，但非常佩服史書明和王鎮南，認為他們都是自己「有學問的知音」。

王鎮南和史書明不負眾望，很快為中州戲曲研究社編寫了一齣新戲《西廂記》。這是一本連台戲，共分六部，所以又叫《六部西廂》。提綱是王鎮南和史書明共同擬定的，前四部和後兩部則由他們分別執筆。

《西廂記》是由兩位文人編寫的，戲詞和之前河南梆子的傳統劇目相比，要文雅得多。戲班裏的演員都是從小跟著師傅學戲，口傳身授，從來沒有讀過劇本，也不識字。這一次排演《六部西厢》跟以往不同，有了劇本，但因為演員們不識字，王鎮南和史書明要先給演員們講故事，又要分析人物角色的性格，還要打開油印本子一句一句給演員們念台詞。而許多演員說慣了方言，單是糾正字音就費了很長時間。

王鎮南和史書明兩位先生會編戲，卻不會安腔打板。安腔打板的任務就落在了張茂堂的頭上。

每天晚上，正常的劇場演出結束以後，史書明先生就把《六部西厢》裏戲詞的意思和所表達的情緒講給張茂堂聽，張茂堂就根據意思安腔打板。每次安了新腔，張茂堂都等不及第二天再試唱，而是馬上叫醒香玉起來試唱。為了這《六部西厢》，香玉簡直沒有睡過一個囫圇覺。

為了排演好這《六部西厢》，整個中州戲曲研究社的人真快忙死了。

演出前一個星期，海報就貼出去了。

正式演出的那天，劇場裏座無虛席，連站廂裏也擠滿了人，演出的過程中，喝彩聲不斷。雖然豫劇《西廂記》是一齣新戲，但演出的效果可以說是「盛況空前」。

然而，第二天上午，大家在醒豫劇院見面的時候，張茂堂和王鎮南先生都對《西廂記》挑出了不少毛病，對唱腔和戲都有了一些改動。就這樣邊演邊改，《西廂記》前四部連演了八天。後兩部吸取了前面的教訓，效果更好。

史書明、王鎮南先生的《六部西廂》是根據元代王實甫的《西廂記》改編的，但每一段的情節都擴充了一些。戲從張生到山西遊學開始，到有情人終成眷屬結束。在經過反覆修改之後，《西廂記》還是分為六部，但演出的時候，每天晚上演兩部，三個晚上演完。這樣戲劇情節更緊湊，觀眾看得也更過癮。

《六部西廂》打響了，成了每天晚上的壓軸戲。大家看到自己的辛苦終於有了回報，都很高興。張茂堂卻冷冷地說：「我琢磨，紅娘演得太不活泛了。」

香玉在《西廂記》裏扮演紅娘，一聽到爸爸說「紅娘不活泛」，她的心就怦怦直跳。

晚上回到家，香玉試探著問爸爸：「爸，你是不是覺得我演得不好啊？」

張茂堂說：「跟妳沒關係，是我的唱腔安得不好。紅娘出場的時候，唱腔暮氣沉沉的，跟紅娘活潑天真的性格完全不相稱。」

第二天一大早，張茂堂就把史書明先生請來了，跟他說了自己的看法，還讓香玉把紅娘的唱詞唱了一遍。

紅娘的唱詞是這樣的：「在繡樓我奉了小姐嚴命啊！到書院去探那先生的病情。上繡樓我要把小姐嚇哄，啊啊啊！我就說張先生的病疾不輕，妳若是救遲慢（可）就要喪命啊！」

張茂堂說：「現在這樣的唱法，走的是下五音，音調都是往下滑的，不符合紅娘那樣又精明又能幹的性格。」他又對史書明先生說：「豫東調走的是上五音，我想把這段唱腔改成上五音，你看中不中？」

史書明說：「你說得有道理，我是同意改的，可就怕觀眾不習慣，也怕同行說你淨搞歪門邪道。」

張茂堂說：「同行說什麼我倒不在乎，反正他們一直都說我愛瞎折騰，只要觀眾認可就行了。我想先改改試試，觀眾如果不歡迎，把咱們轟下台，咱們再改回來就是了。」

史書明連連點頭，誇讚道：「張老闆，你可真是腦子靈活，膽識過人呀！」

當天晚上演出的時候，香玉便將這一段唱腔改成了新唱法，結果受到了意想不到的歡迎。

當然，說怪話的也有不少。宗豫西調的說常香玉和張茂堂是「欺師滅祖」，宗豫東調的說他們「洋相百出」。

張茂堂卻毫不在乎，他給女兒打氣：「只要觀眾認可，沒有什麼可怕的。」

戲比天大

張茂堂原本是唱豫西調的，但是，他在帶著香玉搭班唱戲的過程中，經過長期的觀摩比較和琢磨，覺得香玉不能固守一家一派，而應該吸收兄弟流派甚至其他劇種的長處，以提高表演能力。香玉學習京劇《泗州城》成功，更讓他堅定了這個信心。所以，他總是每隔一段時間，就帶香玉到別的劇院去看別人唱戲，用俗話說這叫「偷戲」。

香玉第一次聽到爸爸說要帶她去偷戲的時候，心裏好一陣迷糊，心想：戲又不是個手巾髮簪或者掃把簸箕之類的物件，該怎麼下手偷呢？

張茂堂說：「傻閨女，外行看熱鬧，內行看門道。妳看完一齣戲回來，唱、念、做、打，妳只要學會一樣兒就中了。」

為了避免被人認出來，父女倆去偷戲的時候，香玉常常女扮男裝，擠在站廂的最前邊。看到舞台上精彩的地方，張茂堂就悄悄地拍拍香玉，讓她特別留神，告訴她這裏有

「門道」，要「偷一手」了。

用這種方法，當時開封有名氣的演員的戲，香玉都看過。

除了偷戲之外，張茂堂還專門給香玉請了豫東調的師傅住在家裏，教香玉唱豫東調。當時香玉不明白她一個唱豫西調的為什麼要學豫東調，心裏有點煩。張茂堂也不解釋，只是說：「藝不壓身，多學一樣兒總有好處。閨女，妳就好好學吧。」她做夢也沒想到爸爸讓她學的豫東調在演紅娘的時候發揮了作用，而且紅娘後來成了她塑造的最經典的戲劇形象。

因為《泗州城》和《六部西廂》的成功，常香玉出名了，海報上「常香玉」三個字比斗還大。

香玉也有點飄飄然了。

一天上午，香玉在去醒豫劇院練功的路上，看見一個年輕人欺侮一位老婆婆。香玉自小憨直豪爽，這些年又演過不少英雄戲，現在路見不平，自然要拔刀相助。雖然身上沒有帶刀，但功夫是有的，於是，香玉一怒之下，和那個年輕人打了起來。張茂堂看她這樣行俠仗義，不僅沒有誇她，還罵她不要多管閒事，讓她趕緊去練功，以免耽誤下午的演出。

香玉心裏不服，在練功的時候仍是一肚子委屈。當跟她配戲的馬小明把槍扔過來的時候，香玉猛一抬腿，把槍踢出兩丈多高，然後哈哈大笑道：「練這有什麼意思？閉上眼睛我也栽不了！」

香玉並不是誇海口，確實，從演《泗州城》開始，她每一次都踢得很成功，還從來沒有失手過。她沒料到，就是她這一次沒有好好練功，當天下午演出的時候就發生了一場嚴重的事故。

那天下午是一個小學校的包場。香玉在踢槍的時候，竟然一腳把槍踢到了台下。槍擦著一個孩子的腦門兒飛落到地上，引得台下的小學生們一片驚叫，紛紛捂著腦袋往後躲，劇場裏頓時一片混亂。

好在帶領孩子們來看戲的老校長很有經驗，他很快穩住了慌亂的學生們，又仔細檢查了被槍擦到的孩子，發現孩子的腦袋並沒有流血，只是腫起了一個小疙瘩。

發生了這場事故，香玉嚇得渾身發抖，愣在台上不知如何是好。張茂堂趕緊站到台前向觀眾道歉：「剛才常香玉沒有演好，對不住大家。我現在叫她來向諸位鞠躬賠禮，讓她再給大家好好演一遍。」

老校長不僅沒有找常香玉和戲班的麻煩，把學生們安撫好以後，他又特別通情達理地說：「演戲總有失手的時候。我教了大半輩子書，還沒見過不寫錯別字的學生呢！我們就大膽地讓她再演一次，準能演好。來，我們大家給她一點兒掌聲，讓她再演一遍，好不好？」

在老校長的帶領下，掌聲響起來了，孩子們一齊高喊：「歡迎再演一遍！」

老校長的諒解和師生們的熱情，消除了香玉的緊張和恐懼，讓她心裏充滿感動，於是，她又演了一遍，獲得了成功。

香玉回到後台，禁不住熱淚盈眶，撲在張茂堂的懷裏大哭了一場。這一次，雖然發生了這麼嚴重的演出失故，但是張茂堂並沒有打她，而是一板一眼地對她說：「閨女，妳要永遠記住，熟戲也要當生戲演。站到台上，不管多大的委屈，多少煩惱，都得撂在一邊，要認認真真演戲，不能有一絲一毫馬虎，用祖師爺的話說，這叫作『上了台，戲比天大』，『戲比天大』，閨女，妳聽真了沒有？」

香玉咬著嘴唇點點頭：「我明白了，爸爸。」

張茂堂又拍拍香玉的肩，說：「明白歸明白，還要看妳能不能一輩子照著去做哩。」

事實證明，「戲比天大」的道理，常香玉不僅聽懂了，明白了，也一輩子都照著去做了。

戰火紛飛中的義演

香玉的演出愈來愈叫座，演戲的熱情也愈來愈高漲。

一天晚上，香玉主演《桃花庵》，頭一句「九盡春回桃花開」沒唱完，就覺得嗓子不舒服。當晚香玉總算勉強唱完了這齣戲，可是，到了第二天，香玉覺得連說話都困難了。

她以為只是自己那兩天練得太勤，把嗓子累啞了。

張茂堂卻說：「興許是倒倉。」

香玉一聽到「倒倉」兩個字，頓時像一盆冷水澆在頭上，不禁打了一個寒噤——當年爸爸就是沒有過得了倒倉這一關啊！當初，爸爸教她練武功，稍不如意，舉手就打，抬腿就踢，為的就是萬一嗓子壞了，她還可以憑著一身武功吃飯。難道爸爸的話要應驗了嗎？自己從九歲開始正式學藝，熬了四五年，眼看就要有出頭之日，如果以後只能憑武功吃飯，真不甘心啊！

對於一個演員來說，嗓子壞了，簡直是天塌了。然而，面對香玉的倒倉，張茂堂倒沒有驚慌。也許是因為他在培養香玉之初，便早已做好了這方面的準備。

張茂堂把中州戲曲研究社的工作做了安排，決定帶著全家人離開開封，回密縣去給香玉調養嗓子。

回密縣後，他們找了一個靠河邊的小村子落腳。白天，張茂堂在村口擺雜貨攤，順帶賣茶水，香玉就在旁邊練武功。每天雞叫頭遍，張茂堂就帶著香玉到河邊去喊嗓子，喊不出聲也得喊。

沒想到，這樣喊了一個多月後，香玉居然又能唱出聲音來了。香玉看到自己又能唱了，非常高興，急著要回開封。張茂堂認為香玉的嗓子還不穩定，不能急於登台，他正想回老家去給香玉奶奶的墳添添土，便帶著香玉回了鞏縣董溝村。

從董溝村返回前，張茂堂又帶著香玉到站街去看望香玉的乾爸常慶會。那天正巧是常慶會的生日。吃完壽麵以後，常慶會神情嚴肅地對張茂堂說：

「老弟，這回我要拜託你一件事，你非答應不可。」

張茂堂說：「大哥，咱們親兄弟，有什麼事情你只管說，只要我能做到的，絕不推辭！」

原來，一個名叫劉鳳雲的九歲女孩子，一家五口人，父親癆病纏身，兩個妹妹連件棉衣裳也沒有，冬天只能窩在被窩裏，這一家人全靠鳳雲媽養活。常慶會看到他們實在可憐，就想要張茂堂收鳳雲為徒，混口飯吃。

張茂堂以前收過兩個徒弟，但因為他相信「戲是苦蟲，不打不成」，常常像打香玉一樣打徒弟。兩個徒弟吃不了這份苦，兩家的父母又心疼孩子，後來都跟張茂堂退了合同，於是，張茂堂發誓不再收徒弟。

聽到常慶會讓他收徒弟，張茂堂立即皺起了眉頭：「大哥，我是發過誓不再收徒弟的，這事我可不能答應。」

剛才常慶會說起這一家人的窮和苦，眼淚都掉下來了，香玉在一旁聽著，心也針扎似的痛。香玉便哀求爸爸：「爸，收下人家吧。」

常慶會也說：「老弟，你這不是收徒弟，是救人命啊。救人一命，勝造七級浮屠。鳳雲跟著你，即使學戲學不出來，也總有一碗飯吃啊！」

話說到這份兒上了，張茂堂也不好再推託，於是，便答應了收鳳雲為徒，並且為她起了藝名常香玲。

經過一段時間的喊嗓溜嗓，香玉的嗓子不僅完全恢復了，而且聲音比以前更清脆水靈，於是，張茂堂帶著香玉、香玲姊妹兩個，又回到了開封。

一九三七年，日本發動侵華戰爭。為了宣傳對日抗戰，戲劇舞台上興起了新話劇和文明戲。王鎮南先生也為中州戲曲研究社編寫了一齣反映抗戰內容的小戲——《打土地》。故事講的是一戶農家，一家數口死在日本鬼子的屠刀下，只剩精神失常的兒媳和婆母相依為命。她們逃到土地廟裏躲避日軍的追捕，大罵土地爺為什麼不給她們做主……

這是香玉演的第一齣現代戲，也就是當時所說的文明戲。化裝成日軍士兵的演員一出場，台下的觀眾就用鞋子亂砸，一片罵聲，這些場面現在看上去又混亂又不可思議，但在當時，正體現了普通民眾對日本鬼子的痛恨。

為了配合當時的抗戰宣傳，他們還上演了《大破天門陣》、《破洪州》等楊家將的戲。在戲中，香玉扮演穆桂英。為了表達大家對日本鬼子的痛恨和自己誓死報國的決心，張茂堂還讓香玉將其中的一句唱詞改成「取了那大阪地，再平東京」，每次這句唱詞唱出口，觀眾就會報以長時間的熱烈掌聲。

然而，日軍的砲火很快就逼近了開封，張茂堂不得不帶著戲班離開開封，向西逃難。他們先是從開封逃難到密縣，又從密縣逃難到洛陽。香玉好幾次差點兒被日本飛機投下的炸彈炸死。

一九三八年冬天，香玉一家人逃亡到了西安。

當時西安聚集了許多難民，河南老鄉就有二三十萬。

在西安的河南同鄉會知道常香玉來到了西安，立即派人來找香玉的爸爸張茂堂。因為許多河南難民的孩子沒處讀書，河南同鄉會想辦個西北中學，他們希望香玉能為西北中學義演募捐。

香玉起初不明白義演是什麼意思，聽來人解釋說是要拿演出的收入來辦學校，讓孩子們有書讀，爸爸張茂堂還沒有開口，她就立即答應了：「為孩子讀書演，演多少天我都願意！」

募捐戲定在同春戲院演出。香玉到那兒一看，劇場又小又破，還坐落在一個偏僻的小巷子裏，不由得倒吸了一口涼氣。心想：為辦學募捐，票價比平常高很多，在這麼個破戲院裏演，誰會來看啊？但不管怎麼說，香玉決心自己要加倍演好。

義演頭一天的戲是《刀劈楊藩》，香玉扮樊梨花。樊梨花右手扳翎，左手用刀壓著楊藩的槍，一亮相，立即贏得了滿堂彩。演到樊梨花一刀把楊藩劈倒在地，忽然有人從台下往台上扔了一個紅包。香玉以為是有人搗亂，正在吃驚，便見觀眾紛紛往台上扔紅包、衣料、幛子、被面等東西，同時全場起立，拍手叫好。

香玉後來才知道，第一個往台上扔紅包的是一個名叫王寅武的河南老鄉，他是個生意人，但非常熱心公益，他往台上扔了十二塊現大洋。在整個募捐義演期間，天天有人往台上扔東西，還有寫給香玉和戲班的一封封熱情洋溢的信。香玉看到這些河南老鄉雖然處在戰亂時期，漂泊在外，還這麼關心教育，希望孩子們能受到教育，讀書成人，深受感動。每一天演戲都熱情飽滿，演完以後心情也特別愉快。這種感受是香玉以前從來沒有過的。

生命岌岌可危

一九四〇年八月，曾任河南省代主席的張鈁在老家新安縣鐵門鎮修建的「千唐志齋」落成，特別邀請香玉回河南鐵門鎮演出。張鈁是辛亥革命的元老，二十世紀三〇年代曾任河南省代主席，對日抗戰開始後，任國民政府第一戰區預備總指揮、軍事參議院院長，還兼任在西安的河南同鄉會會長。

張鈁收藏了自魏晉以來歷代的墓誌銘一千四百多塊，為了更好地保存這些珍貴的歷史文物，他特意在老家鐵門鎮建了一座博物館，號稱「千唐志齋」。

河南到處兵荒馬亂，而且香玉當年在河南成名以後，有些人垂涎她的美色，打起了她的歪主意，鬧了許多不愉快，香玉極不情願回去。可是張鈁名頭這麼大，他的邀請誰敢拒絕呢？不得已，張茂堂只好帶著戲班，陪著香玉從西安坐火車回河南。

但出發之前，香玉就已經拿定了主意，也向爸爸反覆申明，在鐵門演完後就趕緊回西安，她一刻也不想在河南停留。

沒想到，香玉這一趟去河南不像是去演戲，倒像是去鬼門關轉了一圈。

她在離開西安那天就受了涼，晚上開始發燒，第二天，在火車上一覺醒來，隨身攜帶的衣服也不翼而飛。香玉的心情糟透了，心想：出師不利，這一趟非倒楣不可！

因為路途迢迢，交通不便，香玉到達鐵門的時候已經是八月下旬。她帶著病和極不愉快的心情開始了在鐵門的演出。第一天演的是《販馬記》，第二天演的是《陳杏元和番》。演這兩齣戲的時候，香玉覺得嗓子有點發悶，動作也不像平時那樣得心應手，但好在這兩齣戲都是文戲，香玉勉強應付過去了。

第三天演的是《鳳儀亭》，香玉扮演貂蟬，裏面有一段劍舞和耍綢子。這是香玉去西安以後，借鑑京劇的《鳳儀亭》，結合自己的長處，特意加上去的。河南的觀眾是第一次看到，反響特別熱烈，掌聲不斷，還接二連三地喊著要香玉「再來一遍」。

「戲比天大」，觀眾就是天，香玉一站到舞台上，就把自己的病忘記了，受到觀眾熱烈情緒的感染，她又特別賣力地舞了起來。可是，因為連續發了這麼多天燒，香玉體力不支，暈倒在台上。當大家慌忙把她攙扶起來的時候，她卻說「不礙事」，又綽起綢子從頭舞了起來，並且舞得疾徐有致，滿台生風，贏得了更多的喝彩聲。

當天晚上，香玉就病倒了，先發冷，後發熱，夜裏從床上滾到地上也不知道。

張茂堂找來一個老中醫給香玉開了個藥方，但有幾味中藥鐵門鎮買不到，得到洛陽去買。於是，張茂堂要帶她去洛陽，可是香玉說什麼也不肯，一門心思要回西安。

老中醫說：「姑娘，妳病成這個樣子，救命要緊，千萬不能捨近求遠啊，還是去洛陽吧。」

香玉聽了，大哭不止。張茂堂只得安慰她：「別哭，別哭，回西安就回西安，我們這就走。」

於是，香玉被攙扶著上了火車，不知道過了多長時間，火車停了，香玉又被攙下火車。這時她睜開眼睛一看，眼前不是西安，是洛陽。她氣得胸中一陣劇痛，接著就暈了過去，不省人事了。

香玉醒來時，發現自己躺在醫院裏，屁股上痛得厲害，原來是護士給她打針的時候，不知道怎麼搞的，針頭折了，斷在了肉裏，醫生和護士正在合力往外擠針頭呢。

在醫院住了半個多月，天天打針吃藥，燒不但沒有退，症狀還有增無減。香玉的病情愈來愈重，終日神志不清，胸部還鼓出來一塊，一按一個大坑。

醫院看到香玉的病西藥、中藥都無效，不願意再治了，讓張茂堂把她接回去。他們在洛陽住的地方是九洲旅館。張茂堂讓人把香玉從醫院抬到九洲旅館，由香玲和老婆魏彩榮照顧，自己到處求醫問藥，希望香玉還有救。

張茂堂費了許多周折，打聽到洛陽南面的關林有一家戰地醫院，有一位姓楊的軍醫醫術高明。張茂堂把香玉的病況給楊軍醫說了，楊軍醫答應給香玉看看。

關林離洛陽十五里路。那天，送香玉去看病的時候，戲班裏的同事們都來了，門口還放著一口白木棺材。原來這口棺材是楊軍醫要求準備的，他說香玉的病耽誤得太久了，怕到不了關林就會死在路上。

四個人抬著躺在床上的香玉走在前面，兩個人抬著一口白木棺材走在後面，戲班裏的同事們眼含熱淚，將香玉送出九洲旅館，又送過十字街口，一直送出洛陽南關，他們彷彿不是送香玉去治病，而是給死者送靈。

多少年來，香玉和大家一起跑高台，闖江湖，逃難，挨炸彈，生死與共，災禍同擔，現在香玉病成這樣，大家心裏都清楚，今日一別，也許從此就是陰陽兩隔。

這一切，香玉看得清清楚楚，只是講不出話來。她在心裏不斷地對自己說：我還年輕，我一定要活過來，我一定會活過來的！

鬼門關前走一遭

楊軍醫名叫楊保安，他果然醫術高明。他確診香玉得的是肋膜炎，但化了膿，也叫「膿胸」。因為耽誤的時間太久，已經到了萬分危急的地步，可以開刀搶救，但治好的希望微乎其微。

楊軍醫在香玉的背上開了個大口子，剪斷了一根肋骨，將積在胸腔裏的膿放出來。積在裏面的膿已經變成綠色，有兩臉盆之多。

做這麼大的手術，按理說應該用麻醉藥，但香玉當時完全昏死過去了，跟死人差不多，楊軍醫就連麻醉也免了。

做過手術後，楊軍醫把香玉安置在從開封遷過來的一家醫院裏。說是醫院，因為戰亂，並沒有病房，而是分散在周圍的老鄉家裏，設備也特別簡陋。

香玉住的是老鄉家一間盛草料的破棚子。楊軍醫囑咐一位姓上官的女大夫幫忙觀察，若是三天之內，香玉的體溫有所上升，就有希望，不然他也無能為力。

前兩天，香玉的體溫沒有任何回升。

第三天下午，見香玉的體溫仍不見回升，張茂堂和魏彩榮便都放棄了希望。他們把香玉最喜歡的幾件衣裳抱過來放在病床前，只等香玉嚥氣後就給她換上，讓她體體面面地「離去」。

然而，就在上官大夫最後一次給香玉量體溫的時候，她看到香玉的體溫有了細微的變化，往上升了一點兒！

張茂堂聽了，又高興，又不敢相信，他請上官大夫再給香玉量一次。

上官大夫又測了一次，這一次，體溫計上的溫度明確無誤地又上升了一點兒！

張茂堂撲通一聲跪倒在地上，激動地說：「謝天謝地！俺的孩子有救了！」

手術以後的頭幾天，香玉像死人一樣完全沒有知覺。她的傷口裏插著一根管子，只能側身躺著，不能翻身。藥水從管子裏打進去，沖洗裏面的傷口。半個月以後，香玉才有了知覺，但依然神志不清。一個月以後，她才知道張嘴喝麵湯。

香玉是靠喝百家奶把命養下來的。

在香玉的體溫回升以後，楊大夫說要想辦法給香玉增加營養，才能恢復得快。

可是，香玉昏迷不醒，水米都不能進。那時候醫術落後，醫療條件差，又不像現在可以給病人輸營養液，打營養針，要如何才能給香玉增加營養呢？

還是香玲想到了辦法。她看到設在村裏的婦產科裏有產婦在給嬰兒餵奶，便立即拿了一個搪瓷缸跑過去，對那些奶孩子的婦女說：「嬸子們，嫂子們，俺姊叫常香玉，已經好幾天水米未進了，軍醫說她體溫上升了，有救了，但她不能吃飯，妳們可憐可憐她，給她點奶吃吧！」

許多人都聽說過常香玉，知道她是唱梆子戲的名角，聽說她遭了這樣的大難，都樂意幫她。於是，許多產婦擠出自己的奶，一會兒就擠了滿滿一搪瓷缸。

香玲怕奶被風吹涼了，立即雙手捂著搪瓷缸口送回來，又和魏彩榮一起，用小勺一點兒一點兒地將奶往香玉的嘴裏灌。

楊大夫說：「人奶可是極好的東西，要是香玉能每天喝一杯人奶，身體應該很快會好起來。」

於是，香玲便每天拿著搪瓷缸到婦產科去為香玉討奶，用人奶來餵養姊姊。一直到一個月後，香玉能自己張嘴喝麵湯，才沒有再吃人奶。這一段經歷，常香玉終生也不能忘懷，她的這條命，是洛陽的產婦們用奶水從鬼門關裏換回來的。

像香玉這樣的病，原本應該在前胸開刀，但楊軍醫考慮到香玉是個女孩子，為了保護她，才選擇在後背開刀。但他沒有料到香玉的胸腔裏積存了那麼多膿，一次手術沒有辦法完全清除，需要第二次開刀才能清理乾淨。

第二次開刀那天，香玉的心情非常緊張，她怕疼，怕流血過多……但是，在做手術之前，楊軍醫讓她在口鼻處戴了一個像籠頭那樣的東西，讓她數一、二、三、四……數著數著，香玉便什麼也不知道了，醒來的時候，手術已經做完了。

原來，這一次楊軍醫給香玉使用了麻醉劑。

香玉對麻醉劑不懂，只知道它是「蒙汗藥」，她醒來後想到的第一個問題是：蒙汗藥這麼厲害，會不會毀了自己的嗓子呢？所以，香玉一看到楊軍醫，便掙扎著側起身子，急急忙忙用乾澀的聲音問道：

「楊軍醫，我的嗓子還能唱戲嗎？」

楊軍醫笑著說：「放心吧，嗓子不會受影響，但是武戲妳不能再演了，因為這兩次開刀，妳的肋骨被截掉了兩根。」

病來如山倒，病去如抽絲。香玉這兩次手術，讓她七八個月不能下床。這期間，醫院搬到洛寧去了，香玉的爸爸媽媽也回洛陽城裏去了，香玉全靠妹妹香玲照顧。

香玉唱紅以後，掙的錢多了，一家人的生活好了，不幸的是，香玉的爸爸張茂堂和媽媽魏彩榮都染上了鴉片煙癮。

香玉之前就聽人說過，在大煙鬼的天平上，親生骨肉也不及一包「白麵」的份量。她原以為這只是誇張的說法，她這一病，才算是真正體會到了。

楊軍醫救回香玉的命以後，張茂堂就問過楊軍醫，香玉還能不能唱戲。楊軍醫說：「我是當醫生的，只能保命，不能保戲。而且，香玉的身上截掉了兩根肋骨，武戲是肯定不能唱了。」

張茂堂聽了楊軍醫的話，失望極了。加上煙癮發作，他和老婆給香玉和香玲留下一袋米和一袋麵，雙雙回洛陽城去了。

洛陽城離關林只有十五里地，他們竟然一次也沒有回來看過病中的女兒和還只有十二歲的徒弟，連過年也沒有來問過一聲，更沒有讓人捎來過一兩米、半文錢。

香玉不能理解自己的親生父母為什麼會這樣狠心，後來才知道，張茂堂和魏彩榮因為吸鴉片煙，回洛陽以後很快就把積蓄花光了，還欠了一屁股債。他們每次借到錢，首先想到的就是去煙鋪過煙癮，過完了煙癮，手上的錢又沒有了，就又變著法子去借錢。香玉又不能給他們掙錢，他們的心裏根本就沒有了這個女兒。

父母留下的米和麵吃光了，而香玉的身體又需要營養，香玲只好每天到外面去討飯，討到好吃的就趕緊送回來給姊姊吃。

香玲每天要給香玉端屎端尿，打水做飯。夏天要攆蒼蠅，趕蚊子；寒冬臘月，滴水成冰，香玲還得天天跑到村頭的井邊去給香玉洗襯衣，兩隻小手凍得像紅蘿蔔一樣。

幸虧楊軍醫每隔一段時間就來看香玉，給她看病送藥，有時候也接濟一下香玉姊妹倆，她們才熬了過來。

也因為經歷了這段磨難，香玉一心盼望著自己能快點好起來，重新回到舞台上。香玉生怕自己的戲荒疏了，臥在床上不能動，她就小聲地哼腔溜嗓子。等到能下地走路了，她就拄著棍子到草棚外面的空地上走圓場，練動作溫戲。等身體好得更利索了一點兒，她又和香玲一起練武功，讓自己的功力一點點恢復。她還暗暗發誓，這一次若能重新回到戲台上，她演戲的份子錢再不能全部交給爸爸，她要自己當家做主了。

那年，香玲十二歲，香玉十七歲。常言道「久病床前無孝子」，可香玲卻在香玉的床前伺候了四百多個日日夜夜。所以，在後來的歲月裏，常香玉和常香玲親如姊妹。

一直到第二年深秋，香玉的病才徹底痊癒。屈指算來，香玉這一病，整整折騰了一年零三個月。

一見鍾情

香玉病癒回到洛陽，張茂堂喜出望外。對他來說，回來的不是女兒，而是一棵搖錢樹。他立即著手組戲班，要香玉到洛陽的華洛舞台演出。

香玉聽了，火冒三丈，因為一年多前香玉從西安回河南的時候就有言在先，她不願意在河南演戲，要立即回到西安去。

然而張茂堂也有他的苦處。在香玉生病期間，因為他和魏彩榮吸鴉片煙，不僅把之前的積蓄花完了，還欠了一屁股債，單就九洲旅館的房費就多得嚇人，華洛舞台的經理沈鳴九正是九洲旅館的大掌櫃。除了房費之外，還有張茂堂一家三口欠飯鋪的錢，也是沈鳴九做的保人。

不管張茂堂怎麼說，香玉就是堅決不肯在洛陽演戲，她說：「我到西安去唱戲，掙了錢再來給你還債，哪怕利滾利我也願意！」

張茂堂看拗不過香玉，便使出了撒手鐧：「咱們回西安也行，可是，咱們沒有盤纏，得賣幾件箱。」

張茂堂說的箱，就是「戲箱」，是唱戲的行頭和道具。香玉唱了這麼多年戲，錢都交給了張茂堂，自己唯一擁有的就是戲箱裏的幾件行頭，還是她好不容易一點兒一點兒置備的。若把這些都賣了，一個演員沒有行頭，就像一個戰士沒有武器，回西安還怎麼演戲啊？聽到爸爸說要賣她的行頭，香玉的腦袋彷彿挨了一記悶棍，一下子就蒙了。

香玉傻了，愣在那兒，也不知道站了多久，才發現爸爸張茂堂早走了。

直到聽到魏彩榮招呼客人的聲音，香玉才回過神來。

來的是四位客人，他們是從鞏縣來的，還帶著香玉的乾爸常慶會的信。

原來，鄉親們吃夠了洛河氾濫的苦頭，想在洛河邊修一道河壩。連年來，他們利用農閒的時間挖石頭、燒石灰，已經做了不少準備工作。現在萬事俱備，只欠東風，就是修壩的錢。他們曾去找過劉家，因為劉家有兩個大人物，一個叫劉鎮華，曾任安徽省主席，一個叫劉茂思，曾任河南省主席，但事情還是沒有辦成。現在，他們來洛陽，就是想和香玉商量，看香玉能不能為修堤壩做幾場義演。

鞏縣是香玉的家鄉，但提起鞏縣，香玉的感情份外複雜：她既同情鄉親們的苦難，又忘不了族長罵她唱戲是下九流，逼她改名換姓。她又想：劉家的人做了那麼大的官，竟然像鐵公雞一樣一毛不拔，簡直太過份了。一種極為複雜的情感在香玉的心裏翻騰，最後燃成了一朵火花：我常香玉要給鄉親們辦點好事，我要讓那些看不起下九流的人見識見識。

於是，香玉忘記了自己不在河南唱戲的決定，鄭重地點點頭：「中！」

既然要為家鄉義演，香玉就不得不在河南組戲班了。

義演掙不了錢，張茂堂很不樂意，還埋怨香玉不跟他商量就亂答應。

但香玉經歷過重病這場大磨難，已經不是以前的香玉了，她定下的主意，誰也別想改變。而且以前的同事聽說香玉病好了，要組戲班，都非常樂意來。不到十天，新的戲班就組成了。

為了多籌點錢，香玉精心準備了十天的戲碼。十天演下來，觀眾踴躍，捐款很多，修堤壩的錢順利籌到了。堤壩修好以後，鄉親們把這條堤壩叫作「香玉堤」。鞏縣還流傳著這樣一句順口溜：「兩個省主席，不如一個常香玉。」

在家鄉完成義演後，香玉終於如願回到了西安，應邀在西安的民樂戲院演出。

一九四二年，河南遭受水、旱、蝗、湯之苦，大批難民擁到陝西。

顧名思義，水是水災，旱是旱災，蝗是蝗災。至於「湯」，有幾種說法：有的說是國民黨湯恩伯的部隊，也有的說是土匪，因為河南當地把土匪叫作「老湯」。

香玉經常義演，用義演籌到的錢救濟難民。

這一年，香玉應寶雞同鄉會的約請，到寶雞為難民義演，遇上了她的「真命天子」陳憲章。

那天是農曆正月十六，當時香玉在寶雞演一齣名叫《燈節緣》的新戲。故事講的是一位公子和一位小姐正月十六在街上觀燈，互生愛慕，臨別相約來年在同一地點會面。第二年燈節，兩人相會，海誓山盟，私訂終身。臨別，公子告訴小姐，他將赴京趕考，如果得中，即請媒人正式提親；如果不中，下年燈節仍來此相會，共議婚嫁。一日，乳娘聽說公子在半路病重，急告小姐，小姐遂私離家門，前去尋找公子。

這個戲和傳統的才子佳人戲不同，並沒有一個大團圓的結局，而是留有懸念。香玉特別喜歡這個結尾，尤其喜歡結尾時小姐的那句唱詞：「但不知自由花開到何年。」

編戲的那位先生名叫黃自芳。那天戲演完後，黃自芳先生請客，請了河南同鄉會和劇團裏的一些人，飯後黃自芳先生又把大家聚在一起開討論會，徵求大家的意見，想把這齣戲打磨得更好。

一個青年的發言引起了香玉的注意，他說：「黃先生這齣戲有情節，有人物，戲詞明白易懂，卻不粗俗，特別是最後那一句『但不知自由花開到何年』，真是愈品愈有味，道出了青年人追求婚姻自由的迫切願望。」他說完，又朝香玉看了一眼，說：「香玉唱得也特別好，把人物的思想感情完全唱出來了。」

香玉聽了，心裏暗暗驚喜：他的看法竟和我不謀而合，他是誰呢？

香玉正聽得入神，不料那青年又說：「我還有兩點意見，也不知道對與不對，說與大家聽聽。首先，我認為表演上還有點問題。小姐和公子目光一接觸，立即用袖子擋住臉，低著頭，唱『我觀他人忠厚，眉清目秀』，我覺得這樣表演失之於簡單，不夠傳神。公子小姐見面，應該先互相打量一下，小姐稍微愣一下神，或者暗暗吃一驚，再唱『我觀他……』這才比較合乎情理。」

聽那青年這麼一說，大家的目光都轉向香玉，彷彿在等她回答。

香玉說：「一個大姑娘家見到一個公子，就眼睛盯著人家看，臉皮也未免太厚了吧？」

那青年卻微微一笑，不緊不慢地說：「《西廂記》是妳的拿手戲，其中一折叫〈驚豔〉，為啥叫『驚豔』呢？說的是張生一見鶯鶯就吃了一驚。『哎呀，世上竟有如此美麗、標致的女子！』只因為有了這一驚，才自然而然地產生了愛慕之情！」

他這一席話，說得大家頻頻點頭，香玉也心服口服了。

那青年又接著說：「第二，我認為戲詞上也有點問題。我這裏班門弄斧，還請黃先生多多包涵。一個人忠厚不忠厚，正派不正派，必須經過一段時間的接觸才能瞭解，第一次見面，絕不可能辨別得出誰好誰壞。比方說包公的臉黑，不美，但他執法如山，老百姓都尊他為青天。而陳世美長得一表人才，卻是個貪圖富貴、謀殺髮妻的壞蛋。所以，黃先生您寫的這句『我觀他人忠厚』是不是應該再推敲一下呢？僅憑一觀，是不能斷定人忠不忠厚的。」

青年的這一番話，又把黃自芳先生說得心服口服。

香玉忍不住朝那青年多看了幾眼，心想：這個人長得這樣溫文爾雅，還這樣有學問，可真不簡單！

香玉從小跟著爸爸學戲，雖然在舞台上演過許多才子佳人、悲歡離合的戲，成名後也有許多追求者給她寫信傾訴衷情，但她自己卻從來沒有動過情。現在，一顆「愛情的自由花」種子，在二十歲的香玉心裏悄悄發芽了。

這個青年名叫陳憲章，是當時寶雞中州小學的校長。

香玉在寶雞義演期間，除了《燈節緣》之外，黃自芳先生還給她寫了另外一齣新戲《鴛鴦夢》，是根據〈孔雀東南飛〉的故事改編的。香玉因為沒有上過學，不識字，每一次排戲的時候，都需要黃自芳先生一句一句地先講解戲詞。有時候黃先生太忙，就讓陳憲章代替他給香玉講解。

香玉和憲章的接觸日漸增多，香玉心裏的情感也愈來愈濃烈，因為他不僅有相貌，有風度，還有學問，尤其是他懂戲情戲理，這更加讓香玉傾慕。

香玉成名以後，有些富家公子追求她，一些有錢有勢的人想納她為妾。因為舊社會唱戲的人是「下九流」，經常受人欺侮，爸爸張茂堂尤其希望她能嫁一個有權勢有地位的人。但香玉有自己的想法。在香玉的心裏，戲就是她的天，她希望能和自己牽手終生的人，不僅人品好，能託付終身，還希望他有學問，懂戲，能幫她把戲的天空托得更高更遠。因此，她愈來愈堅信陳憲章就是她要找的那個他！

香玉愛慕陳憲章，陳憲章也愛香玉。雖然香玉的爸爸媽媽都嫌憲章只是一個小學校長，一沒官職，二沒有錢，堅決反對，但香玉鐵了心非憲章不嫁。一年以後，香玉瞞著爸爸媽媽，和憲章在西安祕密結婚了。

結婚以後，陳憲章和常香玉相濡以沫，攜手走過了五十七年歲月。陳憲章為常香玉創作了《花木蘭》、《拷紅》、《白蛇傳》、《大祭樁》、《五世請纓》等一大批優秀劇目，尤其是「紅、白、花」（即《拷紅》、《白蛇傳》、《花木蘭》）成了常香玉的代表作。

人民藝術家

由於逃難到陝西的難民實在太多，香玉走在西安的街頭，常能看到一些孩子「抓街」的情景——這些孩子衣著破爛，渾身骯髒，看到街邊賣吃食的或者買吃食的，趁人不備抓起就跑，所以叫「抓街」。如果被人追趕上，這些孩子就趕緊在吃食上吐口唾沫，然後死抱住吃食不放。追趕的人嫌吃食太髒，就不要吃食了，但心裏有氣，往往將孩子一頓拳打腳踢。

這情景實在太悲慘了，而且這些「抓街」的大多數是河南難民的孩子。香玉實在看不下去，便萌生了一個想法，她想把這些孩子組織起來，教他們學唱戲，總比任由他們流落街頭「抓街」挨踢強。

香玉把自己的想法跟戲班的同事一說，大家都是窮苦家庭出身，又都是河南老鄉，都覺得這是一件好事。陳憲章當然特別支持，難得的是，香玉的爸爸張茂堂也支持，還願意幫著香玉教這些孩子。於是，香玉把流落街頭的孩子們收容起來，在西安成立了一個「災童劇團」。

香玉每天帶頭帶孩子們喊腔，練功，其他行當的師傅也都拿出自己的看家本領，一招一式地教這些苦孩子。他們不僅要教這些孩子唱戲，還得管他們吃飯，大家每月分的份子錢自然就少了，但大家都沒有怨言，一個個都心甘情願。

後來，常香玉和陳憲章又一起創辦了「香玉豫劇學校」，精心挑選好苗子，培育豫劇新人。

香玉的「災童劇團」在西安演了好多年，直到國共內戰期間，「災童劇團」跟隨中共第一野戰軍自陝西入四川，後來又被中共第二野戰軍帶到西藏，這就是後來的拉薩西藏豫劇團的前身。

「香玉豫劇學校」也培養了好幾位豫劇名家。

在舊時唱戲，藝人們挨的是苦海，香玉是名角，遭的罪更多。經常會有人闖進家裏來，不由分說就把香玉帶走，到有錢有勢的人家去唱堂會。

舊時官僚富豪或有錢人家舉辦喜慶宴會時，請藝人來演出助興，招待親友，叫作堂會。各種堂會名目繁多，讓香玉不勝其煩。

不僅香玉常被莫名其妙地押去唱堂會，她的家人也經常受到騷擾，有一次，陳憲章還被莫名其妙地抓進監獄，關了好幾個月。香玉幾乎把所有家產都變賣了，才把陳憲章營救出來。

有一天晚上，香玉剛剛唱完戲，正在後台卸裝，只見一個戴著墨鏡、歪戴禮帽的人走了進來。這種人香玉見多了，知道他們不是特務地痞，就是青洪幫流氓，他們一來，準沒好事。

果然，這個傢伙是幫派頭子李樾村的手下。原來李樾村要娶姨太太，叫香玉去唱堂會助興。

李樾村五十多歲了，還娶一個如花似玉的小姑娘當姨太太，對這種事情香玉本來就看不慣。香玉不肯去，李樾村的手下就說：「李二爺請姑娘去唱堂會，是看得起妳。你們聽清楚了，明天下午兩點準時到！否則，李二爺會給你們點顏色看看的！」說完便揚長而去。

當天下午，香玉窩著一肚子氣來到李樾村府上，看到來唱堂會的班子特別多，一個個都唱得十分賣力，她心裏的火氣更大了。輪到香玉唱的時候，香玉故意唱了一段《鴛鴦夢》。

這是黃自芳先生編的新戲，當時有些人還沒有聽過，不知道講的是劉蘭芝和焦仲卿的愛情悲劇。一開始，李樾村和他的那些親戚朋友還一個個用手拍著大腿，搖頭晃腦地仔細聽。當香玉唱到「蒼天降下無情劍，斬斷夫妻好姻緣」的時候，李樾村才明白過來，香玉這是在咒他呢！

李樾村勃然大怒，一拍桌子站起來，指著香玉罵道：「常香玉，今天是我的婚宴，妳竟敢咒我！來人，替我治治這個臭丫頭！」

李樾村的手下得到命令，像潮水一般朝香玉撲過來。香玉是烈性子，她抱著必死的決心，一個箭步跳上堂會中央的黑漆方桌，把手指上的兩枚金戒指抹下來，說：「姑奶奶今天就死在你們家裏！」隨即便將兩枚金戒指往嘴裏塞。

眾人一見慌了神，一群人把常香玉按住，掰開她的嘴巴掏金戒指。一枚掏了出來，另一枚被常香玉吞了下去。大家又手忙腳亂地趕緊將常香玉送到醫院搶救，因為婚慶上鬧出人命實在太不吉利。還好，香玉挺了過來。

在兵荒馬亂的歲月裏，香玉帶著戲班和全家，一路向西，從西安到蘭州，最後到達了甘肅酒泉。

酒泉地處甘肅西部，全是戈壁灘，「遍地駱駝草，風吹石頭跑」，有時走上一整天，也見不到一棵樹。

在酒泉，他們借住在一座民房裏。香玉每天帶著戲班拚命演出，每一場都由她自己壓軸，但收入還不夠大夥兒餬口。

院門外的街道上，馬蹄聲成天響個不停，人聲一陣接一陣。大家都很害怕，就把院門閂得緊緊的，還用磚頭、桌子、櫈子把門頂死，誰也不敢開門，更不敢走到院子外面去。

一九四九年九月二十五日的早晨，街上傳來了《三大紀律八項注意》的廣播聲。聽到這廣播聲，大家都覺得奇怪，於是都跑到院門口，貼著院門聽。

過了一會兒，院門上響起了敲門聲，聲音很柔和，不像是壞人想強闖進來。

大家七手八腳移開頂住門的家什，把門打開，兩名軍官走了進來。他們舉手敬了個禮，說：「我們是人民解放軍。聽說著名演員常香玉同志住在這裏，我們想見一見她！」

接著，兩名軍官把常香玉「請」走了。

因為以前常香玉被人「請」去唱堂會時，有過種種可怕的經歷，香玉全家老小和戲校的小演員們都嚇壞了。張茂堂想讓陳憲章去打聽打聽兩位軍官把香玉押到哪裏唱堂會去了。如果是唱堂會，就多去幾個人，有個照應。

就在大家七嘴八舌、誰也拿不定主意的時候，香玉回來了，她高興地告訴大家：「我剛才去見的是一位首長，首長說話非常和氣，他對我們這些年在西安做的事情都非常清楚，稱讚我們為難民義演，還說我是人民藝術家呢！首長還說，酒泉這邊還是戰爭環境，不安全，要派車送我們回蘭州去。」

香玉的這席話，簡直讓大家都驚呆了。多少年來，跑江湖唱戲的藝人都是下九流，沒有人看得起，哪裏得到過這樣的尊重？

張茂堂說：「咱們現在從陰溝裏爬出來了，頭上有了青天了。」

香玉也說：「是啊，看來，咱們算是苦海有邊了。」

「香玉劇社號」

中共果然派車把香玉他們送回了蘭州，他們在蘭州參加了十月一日的國慶大典，慶祝中華人民共和國成立。

一九五〇年，他們從蘭州返回西安，建立了「香玉劇社」。這時，正值韓戰爆發，戰火燒到鴨綠江邊。中國人民志願軍跨過鴨綠江，開赴朝鮮半島，開始抗美援朝戰爭。

當時中共剛剛建政，百廢待興，國家財力有限，為了支援國家，人民紛紛捐錢、捐物。一九五一年六月一日，中國人民抗美援朝總會向人民發出了捐獻飛機、大砲、坦克的號召。國家有難，匹夫有責。這時，常香玉有了一個大膽的想法。她想帶領香玉劇社，通過義演，為國家捐獻一架戰鬥機。

常香玉的想法得到了陳憲章的支持。也得到了政府的支持。一架戰鬥機，當時的貨幣需要十五億元，對於任何人來說都不是一個小數目。何況香玉劇社只是一個民間小劇團，大家也剛剛從顛沛流離中穩定下來，都沒有什麼家底。

為了鼓舞士氣，陳憲章又將京劇《木蘭從軍》改編成豫劇，在劇團出發之前趕緊排演出來。

出發之前，常香玉給劇團的演員們定了一條規矩：為了辦好全國義演，人人輕裝上陣，家屬一律留在西安。常香玉自己以身作則，帶頭遵守規矩：她和陳憲章帶著劇團出門義演，把父母和三個年幼的孩子都留在了西安。

一九五一年八月，常香玉將自己的首飾和香玉劇社裝道具的一輛大卡車賣了，籌集了義演的基金，帶著劇團從西安出發，到當時的河南省的省會開封舉辦第一場義演。

就在這個時候，在《人民日報》發表了一篇文章，題目叫〈愛國藝人常香玉〉，還配上了常香玉的照片。這樣的宣傳後，常香玉的義演就得到了各地政府的配合，可以說是盛況空前。

聽說常香玉來開封義演，當地的老百姓都背著糧食來看戲。他們說自己背的是翻身糧，看的是愛國戲。

第二站是新鄉。當時新鄉是平原省的省會，香玉劇社的成功演出，收入極為可觀。

演出的第三站是武漢。當時在武漢很多人，更是用高出票價幾倍、幾十倍的價錢買演出的門票，支持香玉劇社的義演。

香玉劇社到廣東演出的時候，當時香玉劇社演出的劇場太小了，接受了當地政府的建議因而改到中山紀念堂去演出。中山紀念堂能容納一萬多名觀眾，演一場的收入就有五六千萬元，香玉劇社每演一場，就離捐獻戰鬥機的目標又近了一步。

香玉劇社在廣州演出的第二天下午，有一個名叫林會卿的南洋華僑來到香玉劇社，要求見常香玉。林會卿說：「我們華僑在國外過得很苦。因為我們的祖國多年來受人欺侮，我們在海外也沒有地位。這次我回國，看到全國上下萬眾一心，真是高興。可惜我帶的錢花完了，現在我身上最珍貴的東西就是這塊金錶，我就把它送給香玉劇社，算是我為你們義演盡的一點兒心意吧。」

常香玉非常感謝這位華僑，她接過金錶以後，讓陳憲章到劇場門口去拍賣，當即就有人出價六十萬元買下了這塊手錶。但買下手錶後，那人又把手錶交還給了陳憲章，說是他捐獻的。接著，第二個人又出價一百萬元，買下這塊金錶，買下後又捐獻了。於是，許多人圍著這塊金錶，買了又捐，捐了又買，反覆多次，最後價錢升到了上千萬元。

當時劇社要搬到中山紀念堂演出。拉運戲箱、道具和鍋灶時，劇社僱了許多輛板車。把東西運到中山紀念堂以後，板車工人全部拒收運費，他們說：「你們演出是為了捐獻，我們出了這身汗也算是捐獻了。」由此可見，當時常香玉的義舉感染了許多人。

從一九五一年八月到一九五二年二月，常香玉帶領香玉劇社在河南、陝西、湖北、湖南、廣東、江西等六省巡迴義演一百七十多場，觀眾達三十多萬人。

經過半年的巡迴義演，香玉劇社終於實現了捐獻一架戰鬥機的願望，這架戰鬥機被命名為「香玉劇社號」，又叫「常香玉號」，至今還完整地保存在中國航空博物館。

一九五三年，常香玉又從香玉劇社精選了四十多人，到朝鮮戰場上勞軍演出。他們從鴨綠江邊開始演起，一直演到上甘嶺前線。演出的地點經常是在坑道和掩體裏面。

一次，她正在掩體裏演出《花木蘭》，敵人的砲彈襲來，幾位戰士立即飛身向前把常香玉推倒，將她擋在他們的身體下面，以免常香玉受傷。這一幕令常香玉深受感動，終生不忘。

常香玉在朝鮮戰場演出了一百七十多天，一直到《朝鮮停戰協定》在板門店簽訂，他們才結束演出。

常香玉藉由義演為國家捐獻戰鬥機的事蹟，影響巨大。這件事不僅鼓舞了中國人民，同時，還擴大了豫劇的影響，讓它從一個地方戲變得幾乎家喻戶曉。

再攀高峰

一九五六年，香玉劇社回到河南以後，和其他劇團合併，組建了河南豫劇院，常香玉擔任院長。常香玉把香玉劇社的戲箱和一萬元現金全部交給了國家，並主動將自己的工資從五百元減到三百元。

這時陳憲章決定改編一齣戲——《破洪州》，這齣戲講的是女元帥穆桂英嚴整軍紀、與眾將士齊心合力抵禦敵人進攻的故事。陳憲章按照中國共產黨的文藝方針，推陳出新，保留了戲的大致結構，去掉了戲中的不合理部份，在穆桂英打楊宗保這場戲筋上下功夫，寫出了理，也寫出了情。

一九五八年一月十八日至二月十六日，河南豫劇院一團排演了《破洪州》，常香玉飾演穆桂英，其他演員也都是當時非常有名的豫劇表演藝術家。他們珠聯璧合，僅僅一個月的排練，就在鄭州工人文化宮獲得了成功的演出。

一九五九年，在北京慶祝中華人民共和國建國十週年的演出上，常香玉滿懷激情地演了《破洪州》，她唱、念、做、打一絲不苟，當她飾演的穆桂英唱到「咱營中可不分姊和妹，軍規也不論弟和兄，誰要是犯法抗軍令，我定斬人頭不容情」時，那豪邁剛健的唱腔迴旋在禮堂上空，引來陣陣掌聲。

一九六〇年，中國文化部在中國戲曲學院舉辦戲曲表演藝術研究班，梅蘭芳任班主任，京劇和各地方劇種的知名表演藝術家都參加了研究班的學習，有常香玉、俞振飛、徐凌雲、袁雪芬、陳伯華、紅線女、馬師曾、關肅霜等人。

當時的常香玉正處於苦惱中。

那時，中國提倡演現代戲，常香玉也排了一齣現代戲《擦亮眼睛》，可是一個長期演古裝戲的劇團排現代戲，從形式到內容，大家都找不到感覺，只得洩氣地停了下來。後來，他們又排了一齣現代戲《漳河灣》，這齣戲在排演的時候，大家都覺得很順手，常香玉親自上陣主演。沒想到一公演，群眾還是說：「看常香玉的《漳河灣》還是不如看她的《拷紅》過癮。」後來，常香玉又讓陳憲章為她改編了一齣反映共產黨地下組織成員的劇目《母親》，常香玉演出後反響仍然平平。

從北京研學歸來，常香玉覺得作為文藝工作者，不能怕砸牌子，應該甘當現代戲的馬前卒，要找出失敗的原因。經過反覆琢磨，常香玉悟出了一個道理：傳統戲多套用一定的路數表演，現代戲不能靠舊有的方法，因為現代戲中的生活和老百姓的日常生活一樣，過於套路數便顯得虛假，觀眾看戲的時候難以入戲，演員表演的時候也難以入戲。

悟出了這個道理之後，常香玉明白了，要演好現代戲，首先要深入百姓生活。

不久，河南豫劇院開始排演著名劇作家楊蘭春創作的現代戲《朝陽溝》，常香玉飾演其中的一個角色——拴保娘。為了演好這個農村老大娘，常香玉採取了三種方法深入生活：一是爭取更多機會上山下鄉演出；二是經常到近郊參加生產勞動；三是定點下鄉，進行一定時間的勞動鍛鍊，觀察農村大娘的真實生活。這樣做果然很有成效，常香玉把自己的觀察和體驗用到表現人物上，成功地塑造了拴保娘這個角色。

一九六四年，在北京懷仁堂舉辦的元旦晚會上，河南豫劇院三團演出《朝陽溝》。演出結束後，毛澤東走到常香玉面前時，握住常香玉的手說：「祝賀你們演出成功！」第二天，《人民日報》在頭版顯著位置刊登了照片和報導，從此，《朝陽溝》成為豫劇現代戲的經典劇目，至今魅力不減。

一九六四年，常香玉帶領豫劇一團在東北大慶油田演出時，又精心排演了豫劇現代戲《李雙雙》。如果說「拴保娘」還只是個配角的話，李雙雙則是不折不扣的主角。常香玉從生活中汲取靈感，從人物形象的需要出發，設計了唱腔和動作，將這個人物塑造得格外成功。

後來，在河南省舉行的現代戲觀摩大會上，豫劇一團在第一天晚上演出《李雙雙》。得到了文藝界和觀眾的一致好評，常香玉在現代戲的演出上終於跨上了一個新台階。

化作一把泥

在常香玉之前，並沒有「豫劇」這個詞，人們稱此類劇目為河南梆子。河南梆子有許多流派，互不交流，而且主要在民間流傳，很少登上大雅之堂。常香玉大膽地吸收河南梆子各種唱腔流派的優點，並且向有「宮廷劇」之稱的京劇藝術進行了借鑑，因此極大地提升了河南梆子的品位，使其成了雅俗共賞的豫劇，她也被譽為「豫劇皇后」。

一九八〇年三月二十七日到四月十三日，河南省豫劇流派匯報演出大會在鄭州舉行。在這次會演中，豫劇五大流派及其代表人物「五大名旦」，即常香玉、陳素真、崔蘭田、馬金鳳、閻立品的說法基本確立，從此在約定俗成。大家普遍認為，《拷紅》、《白蛇傳》、《花木蘭》、《五世請纓》、《大祭樁》、《破洪州》是常派代表劇目，常派的藝術特點是唱腔舒展奔放，表演剛健清新。

一九八七年十月七日，常香玉受邀參加了首屆中國藝術節（中南區）開幕式演出及老藝術家的專場演出。在閉幕式上，藝術節組委會為她頒發了「香玉杯」榮譽獎。

常香玉久久地凝視著「香玉杯」，心想，好花不常開，自己在舞台上打拚這麼多年，總有謝幕的時候，而戲曲藝術卻需要長久傳承，那麼，就讓自己化作一把春泥吧。她決定將「香玉杯」作為一個象徵，設立一個「香玉杯」藝術獎，用來獎勵地方戲曲的優秀人才。

常香玉和老伴陳憲章一商量，陳憲章說：「咱倆想到一塊兒了。不過，這件事要籌劃得細緻一些，要使這項評獎活動真正為出人出戲起到積極的作用。」

常香玉還是像年輕時那樣風風火火，她想到就要做到。她決定自籌資金十萬元，設立「香玉杯藝術獎」，每年評選一次，每次評選十名為河南戲劇做出突出貢獻的優秀戲劇人才。為了籌集資金，常香玉捐獻了自己的全部稿費和存款，並於一九八八年五月承包了河南省豫劇一團，簽訂了三年承包合同。

這年五月中旬，六十五歲的常香玉親自披掛上陣，率領河南豫劇一團的幾十名演員和家中老少三代，開始巡迴演出。他們從省城出發，然後下鞏縣，向洛陽，途經三門峽，最終到達西安。

他們準備了四台各具風格的節目：一台折子戲，其中有孫女小香玉主演的豫劇小品《狗娃和黑妞》、《花木蘭》片段等，壓軸的是常家祖孫三代同台合演的《拷紅》，常香玉飾崔夫人，孫女小香玉飾紅娘，女兒常小玉飾崔鶯鶯，兒媳潘玉蘭飾演張生；一台是清唱，其中包括常香玉的《花木蘭》、《拷紅》片段及《正月十五鬧花燈》；另外兩台是以一團的中青年演員為主力的傳統劇目。

冬去春來，到一九八九年春天，經過常香玉和全體演職人員的共同努力，他們共為「香玉杯」藝術獎籌集到二十二萬元基金，數額遠遠超過了當初計劃的十萬元，且時間提前了一年零三個月。加上常香玉的稿費和捐款，「香玉杯」藝術獎的基金數額達到了二十九萬元，常香玉的兒子陳嘉康又捐了一萬元，最後共有整整三十萬元作為「香玉杯」藝術獎基金。

從一九八八年到二〇〇五年，「香玉杯」藝術獎設立十八年，歷經九屆評選（常香玉生前舉辦了八屆，去世後舉辦了一屆），先後有來自中國各地的一百三十多位青年演員獲此殊榮，「香玉杯」藝術獎為推動藝術繁榮，獎掖藝術新秀做出了極大的貢獻。

常香玉究竟有多少學生，誰也說不清。就全中國來講，被大家所承認的專業豫劇團，多以常香玉為宗師。多數坤角的唱腔，都是以常香玉的唱法為本。至於業餘愛好者們，熱中豫劇的票友們，絕大多數學的也是常香玉的唱法，他們一開腔就是「劉大哥講話理太偏……」「在繡樓我奉了小姐言命……」

早在西安的時候，常香玉就開辦了豫劇藝術學校和災童劇團，她親自教課，培養了不少青年演員。她的義妹常香玲的唱腔和武功，也是她教的。

在退休以前，常香玉在河南省戲曲學校擔任過數年校長，學生們無論是練功、學戲，還是唱腔，都深受這位校長的影響。她不但嚴格要求學生，而且還以身作則，親自教學。經她培養的人才，遍佈各地，比如著名歌唱家李娜，著名豫劇演員虎美玲、汪荃珍，常香玉的家庭傳人女兒常小玉、常如玉，孫女小香玉。

常香玉胸懷廣，氣度大，沒有門戶之見。她年齡最小、入門最晚的弟子名叫范軍，原來是一個相聲演員。在表演相聲的時候，范軍經常模仿豫劇的唱腔段子，尤其喜歡模仿常香玉。范軍一直想拜常香玉為師，可是又不敢，怕常老師說他是歪門邪道。後來，范軍透過朋友向常香玉轉達了想拜她老人家為師的願望，沒想到常老師竟然答應了。

范軍看到常老師答應了，非常激動，想辦一個隆重的拜師儀式，常老師想了想說：「軍，現在有恁多下崗職工，咱不花這個錢。要搞儀式，也不要恁張揚，叫你的師姊們幫幫忙，咱們給下崗工人搞一場義演，好不好？」

常老師的一番話，說得范軍既感動又羞愧。結果，范軍的拜師儀式就在一場為下崗工人的義演中進行了。那場演出非常成功，常香玉在舞台上對大家說：「我們要為國家分憂，為下崗工人做點事，所以，我帶著我的兒子、女兒、徒弟都來了。今天，我還要收一個說相聲的男娃做徒弟。大家一定覺得奇怪，我常香玉咋會收一個說相聲的做徒弟？大家想想，能在相聲裏學唱咱豫劇，這不是宣揚咱豫劇嗎？再一個，這孩子靈著哩，我看過他的相聲，聽過他學的戲，他不光學我常香玉學得像，豫劇各大流派學得都很像。這孩子要認認真真地演戲，老老實實地做人，他就一定能成為德藝雙馨、人民喜愛的好演員。」

還有一次，一個弟子來找常香玉，說豫劇五大名旦之一的閻立品老師要找她去配戲她沒去。常香玉說：「那妳為啥沒有去呢？」弟子說：「閻老師唱的F調，我唱的降E調，配不了，沒法去。」常香玉立即嚴肅地對弟子說：「閻老師不光戲好，人也好，她有困難來找咱，有法沒法都得去。」見弟子還不肯去，常香玉不高興了，她立即找來一把弦子親自給弟子調弦，讓她唱F調，一試，還真能唱上去。弟子不吱聲了，常香玉板著臉批評她：「不試，妳咋就知道沒法唱？不同流派就配不好戲？我還不知道妳那點小心眼兒！你們呀，還統統得好好學哩，這回去就要好好向閻老師學習，不光要學戲，還要學做人。」訓得這名弟子連頭都不敢抬，連忙說：「中中中，我去我去。」

凡是學生來學戲的日子，常香玉每次都提前二十分鐘把一切準備好。哪怕是三伏天，她也仍然穿得整整齊齊，連領口的風紀扣都繫著。學生們說：「老師，您這麼大歲數了，天氣這麼熱，您穿得隨意一點兒吧。」常香玉總是和藹地告訴大家：「這人啊，要學會約束自個兒一點兒。人呀，最大的敵人就是自個兒。咱這是在說戲呀，我這樣穿戴不光是對你們的尊重，也是對戲的尊重。這人呀，幹啥就要敬啥，要不你準幹不好。」

常香玉就是這樣，言傳身教，不僅把唱戲的本事傳給弟子們，更把做人的原則、「戲比天大」的道理教給弟子們。

常香玉，這個從苦海裏熬出來的豫劇皇后，用她的藝術和人生，真正詮釋了什麼叫「戲比天大」，什麼叫「德藝雙馨」。

二〇〇四年六月一日，八十一歲的常香玉與世長辭。

中國國務院追授常香玉「人民藝術家」榮譽稱號。

然而，斯人已逝，風範長存。

嗨！有趣的故事

常香玉

責任編輯：苗　龍
裝幀設計：盧穎作
著　　者：湯素蘭

出　　版：中華教育
　　　　　香港北角英皇道 499 號北角工業大廈一樓 B
電　　話：(852) 2137 2338
傳　　真：(852) 2713 8202
電子郵件：info@chunghwabook.com.hk
網　　址：http://www.chunghwabook.com.hk

發　　行：香港聯合書刊物流有限公司
　　　　　香港新界荃灣德士古道 220-248 號
電　　話：(852) 2150 2100
傳　　真：(852) 2407 3062
電子郵件：info@suplogistics.com.hk

版　　次：2020 年 11 月初版

規　　格：16 開（210mm × 148mm）
I S B N：978-988-8674-73-2

本書繁體中文版由接力出版社、黨建讀物出版社共同授權出版